한국에서 유일한
기초 영문법
1

지은이 한일

동영상 강의 및 방송 활동

- EBSlang 〈한국에서 유일한 기초영문법〉
- EBSlang 〈한국에서 유일한 종합영문법〉
- EBSlang 〈한국에서 유일한 뉘앙스보카〉
- EBSe 〈매일 10분 한일의 포인트 영문법〉
- EBSe 〈한일의 쉽고 재미있는 라이팅〉
- EBSe 〈영어공부법 특강〉
- EBS Radio 〈한일의 쉽게 배우는 영문법〉
- EBS 〈자녀교육스페셜-문법〉

약력

- Columbia University TESOL
- Wisconsin 주립대학교 Communication Process – 언어학
- Denz Elementary School 보조교사
- Los Angeles Watered Garden 교사
- 교과부 영어수시확대자문위원
- KCU with 연세대학교 겸임교수, 한세대학교 초빙교수
- University of Teachers Education 커리큘럼제작 교육

저서

- 〈Story Writing 1,2,3,4,5,6,7,8,9,10〉
- 〈Academic Writing & Tone 1,2,3〉
- 〈Must Have Grammar for Writing 1,2,3〉
- 〈영어 ALL 그래머 & 라이팅 스킬 1,2,3〉
- 〈Basic Story Reading & Copy Writing 01~30〉
- 〈이기는 영단어〉
- 〈서술형 문제 유형 33〉

한국에서 유일한 기초 영문법 1

초판 1쇄 발행 2018년 12월 15일

지은이   한일
펴낸곳   도서출판 한일에듀
출판등록일 2017년 8월 7일 (672-99-00298)
주소   마포구 백범로 91 (대흥동, 주석빌딩 8층) 한일잉글리쉬아카데미
대표전화 070-7768-1100 (FAX 02-715-8426)
홈페이지 www.haniledu.org

한국에서 유일한
기초 영문법

한일 지음

한일에듀

● EBS <한국에서 유일한 기초 영문법> 수강평

10점 만점에 387만 점 주고 싶어요!

평생 영어를 공부하고도 왜 영작과 리스닝이 안 될까 고민하다가 이 강의를 듣고 해결의 실마리를 찾았습니다. 1강 to부정사만 학습하고도 자연스럽게 영작이 되기 시작했습니다. 그동안의 영어 공부에 심한 배신감을 느끼고 선생님의 명강의에 감탄하면서 '언빌리버블', '어메이징', '유레카'를 외쳐댔습니다! 체계적인 교육과 훌륭한 강의를 위해 애 쓰신 선생님께 정말 감사드리고 진심으로 존경한다고 말씀드리고 싶습니다.

- 한*연 -

이렇게 신기한 느낌은 처음입니다!

학창시절부터 이해가 안 되면 잘 외우지 못했는데, 영문법은 그냥 외워야 하는 것들이 많아서 항상 제자리걸음이었습니다. 그런데 이 강의는 문법들이 왜 생겨났고 왜 그런 이름이 붙었는지 설명해 주고, 연결되는 문법들을 순서대로 알려주니 다음 강의가 궁금하고 연달아 계속 듣고 싶어집니다. 문법을 통해 말하기, 쓰기까지 자연스럽게 향상될 수 있는 수업으로 강력 추천합니다!

- 조*실 -

광고인 줄 알고 안 믿었는데 진짜 대박이에요!

인강을 등록해 놓고 끝까지 완강한 것은 처음이에요. 예전에 다녔던 학원에서 선생님이 했던 말씀이 뭐였는지를 이 강의 듣고 알게 됐어요. 이 강의를 좀 더 일찍 알았더라면 제가 영포자는 아니었을 텐데, 너무 아쉽고 이제라도 알아서 다행이라고 생각합니다. 문법 용어를 몰라서 영어를 포기한 제가 궁금하던 것이 정말 이 강의에 다 있었어요!

- 장*연 -

무릎을 탁 치게 하는 탁월한 강의!

저는 시제 부분이 가장 이해가 되지 않았었는데, 선생님이 단순과거와 현재완료의 차이를 설명해 주는 부분에서 그 탁월함에 무릎을 쳤습니다. 두 시제가 무슨 차이인지에 대해 의문조차 품지 않았던 제 자신이 안타까웠습니다. 이 강의를 통해 내가 왜 영어를 어려워하고 자신감이 없었는지를 깨닫게 되었습니다.

- 임* -

대대로 물려주고 싶은 완소강의!

시간 가는 줄 모르고 들었습니다. 지루할 틈이 단 1초도 없었어요. 초등학생 조카한테 배운 대로 문법을 가르쳐 줬더니 술술 따라오네요. 선생님이 가르치는 방법은 어른아이 할 것 없이 이해하기 쉽다는 것을 다시 한 번 느꼈습니다. 영어 문법이 두려운 분들! 이 강의를 통해 몇십 년 세월을 보상받을 수 있습니다. 설명이 재미있어서 강의가 끝나고도 머릿속에 고스란히 간직됩니다. 포기하지 말고 시작해 보세요!

- 정*정 -

이 강의를 만난 것은 올해 최고의 행운!

영어라면 단어 몇 개 밖에 모르던 제가 이 강의를 듣고 영어 문장을 쓸 수 있게 되었습니다. 이제야 중고등학교 때 친구들이 외우던 형용사절, 가정법이 뭐였는지 깨닫게 됐어요. 잃어버린 세월을 돌려받은 느낌이에요. 저 같은 영어 초보도 한 번에 이해할 수 있을 만큼 정말 쉽고 재미있게 설명해 주십니다. 영어문법 공부를 시도해 보긴 했지만 실패하셨던 분들에게 추천합니다. 여러분들도 이 강의를 통해 영어로 상처받았던 경험들을 이겨내시길 바랍니다.

- 최*림 -

영어를 좋아하게 됐어요!

전에 다니던 학원들은 언어인 '영어'를 배운다기보다는 학교 시험을 위한 '기술'을 가르친다는 느낌이었어요. 그런데 이 강의는 우리나라 영어 교육의 부족한 부분을 완벽히 채워 줍니다. 한자어로 되어 있어 낯설기만 했던 문법 용어를 아주 쉽게 풀어서 설명해 주고, 선생님이 직접 겪으셨던 일화들까지 재치있게 곁들여 주셔서 시간 가는 줄 모르고 강의 안에 녹아듭니다. 이렇게 저의 영어 공부에 큰 도움을 준 한일 선생님, 정말 감사합니다!

- 현*숙 -

관계대명사가 이렇게 쉬운 개념이었다니…

영포자라고 생각했던 제가 관계대명사를 이렇게 쉽게 이해하다니 너무 감동입니다. 분사, 시제, 가정법도 이제 무섭지가 않네요. 진작에 알았다면 이렇게 오랫동안 고생하지 않았을 것 같아요. 문법용어 때문에 영문법을 포기했던 분들에게 강력 추천합니다!

- 권*희 -

머 리 말

영문법, 왜 알아야 할까요?

영어 공부하기 무척 힘들죠? 하지만 정확한 길을 알면 쉽습니다. 영어는 '간단한 문법(Simplified Grammar)'으로 이루어져 있습니다. 따라서 이 간단한 문법을 알면 누구든지 쉽고 빠르게 높은 수준의 말과 글을 만들 수 있게 됩니다.

단어는 많이 알지만 막상 영어로 글을 쓰거나 말을 하지는 못하는 사람들이 있어요. 이런 현상이 나타나는 이유는 문법 활용 연습이 부족하기 때문입니다. 영어로 글이 써지고 말이 되는 방법을 알아야 하는데, 그게 바로 필수 '간단한 문법(Simplified Grammar)'이에요. 영어를 잘하고 싶은 사람이라면 이 필수 영문법은 절대 피해갈 수 없는 부분입니다.

문법 용어, 머리가 아프다고요?

관계대명사, 과거분사, 현재완료 등 어려운 문법 용어 때문에 문법 공부를 포기한 분들이 많을 거예요. 모든 영어 문법은 저마다 생긴 배경과 이유가 있습니다. 이 배경을 먼저 이해하면 문법을 쉽게 터득할 수 있습니다. 그런 다음 문법 용어를 익혀 두면 영어 문장을 자신 있게 만들 수 있습니다. 문법 용어는 학습한 내용을 함축적으로 기억하도록 도우면서 영어문장 쓰기, 읽기, 말하기의 가이드 역할을 하기 때문에 반드시 기억해 놓아야 합니다.

필수 문법, 이것 먼저 능통해야 합니다!

모든 문법을 다 알아야 하나요? 무슨 문법부터 시작해야 하나요? 문법 중에 더 자주 쓰이는 것과 덜 쓰이는 것이 있지 않나요? 이 질문들의 답은 '필수적으로 쓰이는 영문법에 먼저 능통해야 한다'는 것입니다. 즉, 문장을 구성하고 늘리는 데 필수적인 문법들을 우선적으로 학습해야 합니다. 집으로 치면 사람이 살 수 있는 공간을 먼저 만들어 놓는 것입니다. 일단 문장을 쓸 수 있는 능력을 확보해 놓은 다음 부가적인 문법을 공부하면 훨씬 수월하게 실력을 늘릴 수 있어요.

이 책은 영어 학습자가 반드시 알아야 하는 필수 문법들, 그리고 다양한 시험 속 문장을 해석하고 쓸 수 있는 능력을 가지기 위해서 우선적으로 배워야 하는 문법들을 다루고 있습니다. 이 책을 통해서 필수 문법의 종류를 배우고, 각 필수 문법들이 어떻게 협력해서 문장을 만드는지 알 수 있습니다.

기초 영문법, 쉽게 알려주기 때문입니다!

이 책의 제목은 〈한국에서 유일한 기초 영문법〉이지만, '기초'라고 해서 쉬운 것만 다루는 것은 아닙니다. 기본적인 문법뿐만이 아니라 수준 높은 문법까지 '쉽게' 알려주기 때문에 '기초 영문법'이라고 한 거예요. 더불어 교재의 학습 효과를 극대화하고자 교재의 내용과 체제를 전면 개편한 개정판(Third Edition)을 출간하게 되었습니다. 핵심 내용의 가독성을 높이기 위해 구성을 전면 개편했고, 학습한 내용을 효과적으로 복습하고 응용해 볼 수 있도록 연습문제를 대폭 교체했습니다. 또한 교재만으로도 학습의 완성도를 높일 수 있도록 보강했습니다.

오랫동안 사랑받아 온 이유

〈한국에서 유일한 기초 영문법〉 강의와 교재는 2007년 출시 이래 수많은 수강생과 독자들에게 큰 사랑을 받아 왔습니다. 포기했던 영어를 다시 시작하고 싶은 사람, 영어 말하기 쓰기를 위해 문장 구성 원리를 깨치고 싶은 사람, 내신·공무원시험·토익 등 각종 영어 시험을 위해 영문법을 재정리하고 싶은 사람 등 다양한 계층에게 입소문을 타고 인지도를 넓혀갔습니다. 그 힘은 다른 곳에서는 찾아 보기 힘든 명료한 문법 설명과 빠르게 실력 향상으로 직결되는 학습 효과 때문이라고 생각합니다.

문장을 쓰지 못했던 사람이 최초로 문장을 만들어 보는 경험, 짧은 문장만 간신히 썼던 사람이 좀 더 긴 문장을 쓰게 되는 희열을 느끼면서 '나도 영어를 할 수 있구나'라는 자신감을 갖게 된 것이지요. 아무쪼록 이 교재를 통해 여러분이 영문법의 벽을 뛰어 넘고, 영어로 글을 쓰고 말하는 것이 한층 자유로워지기를 바랍니다.

저자 한일

차례

LESSON 01 'to부정사'라고 부르는 이유   14

1. 우리말 '~는 것'
2. '~는 것'에 해당하는 영어는 to
3. 동사 앞에 to 붙이기
4. 왜 'to부정사'라고 부를까?
5. 동사 앞에 to를 붙이는 이유
6. to부정사 설명 3가지

LESSON 02 반드시 알아야 할 to부정사의 쓰임   21

1. to부정사를 명사 자리에 넣기
2. 왜 전치사 뒤에는 to부정사를 못 쓸까?
3. to의 반복을 피하는 방법

LESSON 03 동명사에 대한 새로운 깨달음   26

1. to부정사를 대신하는 동명사
2. 전치사 뒤에는 to부정사 대신 동명사
3. 동명사가 만들어진 또 다른 이유
4. to부정사 주어와 동명사 주어의 차이
5. to부정사 주어와 동명사 주어 연습하기
6. 동명사를 명사 자리에 넣기
   - **Study More** 동명사가 들어간 유용한 표현

LESSON 04 매일 쓰는 in order to   36

1. '~하기 위하여'는 in order to
2. in order to의 반복을 피하는 방법
3. '~하는 것'의 to와 '~하기 위하여'의 to를 구별하는 방법
4. 언제 in order to를 사용할까?
5. to부정사의 to(~하기 위해서)와 전치사 for(~을 위해서)
   - **Study More** 글 속에서 in order to 확인하기

LESSON 05 세 개의 to를 한 문장에 쓰기   46

1. 가장 많이 쓰이는 to의 세 종류
2. 세 가지 to를 한 문장에 모두 사용하기
3. 세 가지 to로 문장 길이 늘이기
4. to부정사의 형용사적 용법

LESSON 06 생활 속의 to　　　　　　　54

1. '~는 것'의 to가 들어간 생활영어
2. '~하기 위해서'의 to가 들어간 생활영어
3. to부정사의 부정
4. to부정사를 취하는 형용사
5. too 형용사 to부정사

Study More to부정사를 목적어로 취하는 동사
Study More to부정사가 들어간 유용한 표현

LESSON 07 지각동사를 강조하는 이유　　　　　　　70

1. 생명 유지에 필수적인 동사
2. 지각하게 해주는 '지각동사'
3. 영어에서 특별 취급을 하는 방법
4. 지각동사를 어떻게 특별 취급할까?
5. 동명사 vs 현재분사
6. 지각동사 뒤에 현재분사(-ing)를 쓰면?

LESSON 08 사역동사를 강조하는 이유　　　　　　　78

1. 영어권에서 노동을 보는 시각
2. 노동에 관련된 동사
3. 일을 시키는 '사역동사'
4. 사역동사를 어떻게 특별 취급할까?
5. 사역동사는 주종관계 뉘앙스
6. 사역동사를 대신하는 단어
7. help는 일반동사 & 사역동사

LESSON 09 가주어 it을 쓰는 이유　　　　　　　85

1. to부정사 주어와 동명사 주어의 문제점
2. 긴 주어를 대신할 짧은 주어의 조건
3. 두 조건을 만족하는 주어는?
4. 긴 주어를 대신하는 가주어 it
5. 가주어 it 연습하기
6. to부정사의 의미상 주어

LESSON 10 특별한 상황에는 동명사 진주어　　　　　　　92

1. 진주어로 to부정사를 쓸까, 동명사를 쓸까?
2. to부정사 진주어 vs 동명사 진주어
3. 자주 쓰이는 가주어 구문

LESSON 11 — 동명사 사용 실력 굳히기 ... 97

1. to부정사 & 동명사 복습하기
2. 왜 '동명사'라고 이름 지었을까?
3. 동명사는 동사일까, 명사일까?
4. 동명사 실력 업그레이드하기

LESSON 12 — 이건 몰랐죠? 소유격+동명사 ... 104

1. 소유격이란?
2. 소유격 + 명사
3. 소유격 + 동명사
4. 〈소유격+동명사〉 연습하기

LESSON 13 — 누가 왜 만들었나? go+-ing ... 112

1. 〈go + -ing〉 연습하기
2. 목적어로 to부정사를 쓸 때와 동명사를 쓸 때 의미가 같은 동사들
3. 목적어로 to부정사를 쓸 때와 동명사를 쓸 때 의미가 다른 동사들
4. stop + to부정사/동명사

Study More 동명사를 목적어로 취하는 동사 ①
Study More 동명사를 목적어로 취하는 동사 ②

LESSON 14 — 영어 문장을 두 부분으로 나눠라 ... 124

1. 명사 + 동사
2. 명사 + 동사 + 명사
3. 명사 + 동사 + 명사 / 전치사 + 명사
4. 생략 가능한 부분 찾기
5. 생략 가능한 부분의 공통점
6. 전치사구를 계속 붙일 수 있을까?

LESSON 15 — 전치사 모르면 영어 못한다 ... 131

1. 〈전치사+명사〉는 모든 문장 뒤에 쓸 수 있다
2. 〈전치사+명사〉는 모든 명사 뒤에 쓸 수 있다
3. 〈전치사+명사〉의 이상적인 개수는?
4. 영어 문장은 두 부분으로 나뉜다
5. 영어를 잘하기 위한 필살기 〈전치사+명사〉

Study More 글 속에서 〈전치사+명사〉 확인하기

LESSON 16 모르면 말 못하는 생활 속 전치사 ①   **141**

about / above / across / after / against / along / around / at / before / behind / below / beneath / by / beside / next to / between / beyond / by / till / until / despite / down / during / for / in / from

LESSON 17 모르면 말 못하는 생활 속 전치사 ②   **149**

in / at / into / like / near / of / on / out of / off / over / since / through / throughout / to / toward / within / without

LESSON 18 3초면 알 수 있는 부사 자리   **159**

1. 동사에 더하는 것이 '부사'
2. 부사는 어디에 쓸까?
3. 부사 끼워 넣는 연습하기

LESSON 19 부사의 출생 비밀   **163**

1. 명사를 도와주는 형용사
2. 형용사를 빌려서 만든 부사
3. 새로 만들어진 부사
4. 부사는 'be동사 뒤, 일반동사 앞'에 쓴다
5. 부사는 문장 맨 앞과 맨 뒤에도 쓴다

   `Study More` 꼭 외워야 하는 필수 부사

LESSON 20 영어 실력 뒤에는 부사가 있다   **178**

1. 문장 길이에 따른 부사의 위치
2. 부사 사용에 대한 실질적인 감각
3. 자주 쓰는 빈도부사
4. 부사의 레벨이 글의 레벨을 결정한다

정답 및 해설   **189**

이 책의 구성 및 학습방법

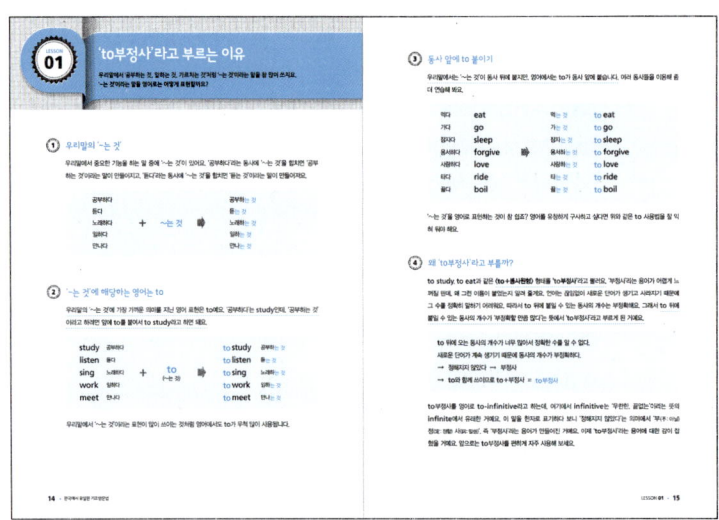

▶ 쉽고 명쾌한 문법 설명

무조건 외워야 하는 문법 설명이 아니라, 각 문법이 생겨난 배경부터 문법 용어가 만들어진 과정, 문법의 뉘앙스까지 알기 쉽게 설명해 줍니다.

▶ 문법 감각을 키우는 예문

문법이 적용된 예문이 풍부하게 수록돼 있습니다. 모든 예문을 소리 내어 읽으면서 문법 감각을 키워 보세요. 중요 예문을 외워 두면 더욱 좋습니다.

▶ 개념정리 Quiz

문법 개념을 제대로 이해했는지 확인해 봅니다. 문제를 풀면서 중요 내용을 정리하고, 헷갈렸던 부분도 점검해 보세요.

▶ Practice

학습한 문법을 이용해 영어 문장을 해석하고 영작해 봅니다. 문법 개념을 이해하는 데서 그치지 않고 이를 활용해 영어를 읽고 말하고 쓰는 능력을 키울 수 있는 부분이므로, 문제를 성실히 풀고 정답도 꼼꼼히 확인해 보세요.

**한국에서 유일한
기초 영문법**

시작해 볼까요?

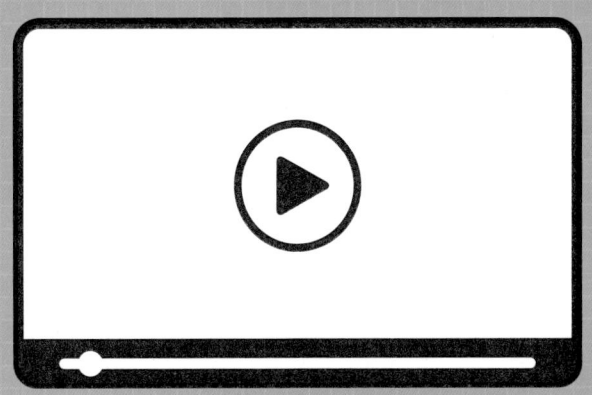

'to부정사'라고 부르는 이유

우리말에서 '공부하는 것, 일하는 것, 가르치는 것'처럼 '~는 것'이라는 말을 참 많이 쓰지요. '~는 것'이라는 말을 영어로는 어떻게 표현할까요?

① 우리말의 '~는 것'

우리말에서 중요한 기능을 하는 단어 중에 '~는 것'이 있어요. '공부하다'라는 동사에 '~는 것'을 합치면 '공부하는 것'이라는 말이 만들어지고, '듣다'라는 동사에 '~는 것'을 합치면 '듣는 것'이라는 말이 만들어져요.

공부하다				공부하는 것
듣다				듣는 것
노래하다	+	~는 것	→	노래하는 것
일하다				일하는 것
만나다				만나는 것

② '~는 것'에 해당하는 영어는 to

우리말의 '~는 것'에 가장 가까운 의미를 지닌 영어 표현은 to예요. '공부하다'는 study인데, '공부하는 것'이라고 하려면 앞에 to를 붙여서 to study라고 하면 돼요.

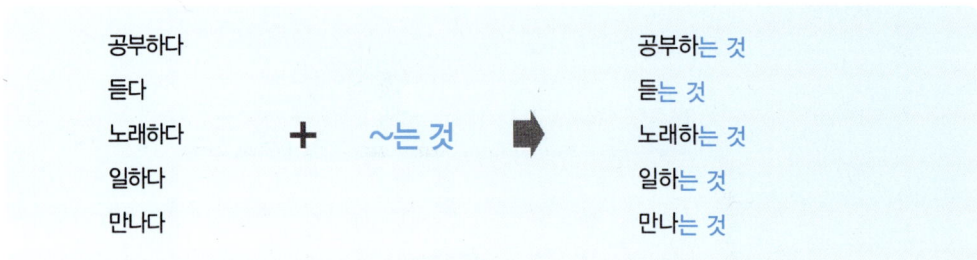

우리말에서 '~는 것'이라는 표현이 많이 쓰이는 것처럼 영어에서도 to가 무척 많이 사용됩니다.

③ 동사 앞에 to 붙이기

우리말에서는 '~는 것'이 동사 뒤에 붙지만, 영어에서는 to가 동사 앞에 붙습니다. 다음 동사들을 이용해 좀 더 연습해 봐요.

먹다	eat		먹는 것	to eat
가다	go		가는 것	to go
잠자다	sleep	➡	잠자는 것	to sleep
용서하다	forgive		용서하는 것	to forgive
사랑하다	love		사랑하는 것	to love
타다	ride		타는 것	to ride
끓다	boil		끓는 것	to boil

'~는 것'을 영어로 표현하는 것이 참 쉽죠? 영어를 유창하게 구사하고 싶다면 위와 같은 to 사용법을 잘 익혀 둬야 해요.

④ 왜 'to부정사'라고 부를까?

to study, to eat과 같은 〈to+동사원형〉 형태를 'to부정사'라고 불러요. 왜 'to부정사'라고 부를까요? 3가지 설명 방법 중 한 가지를 먼저 알려드릴게요. 언어는 끊임없이 새로운 단어가 생기고 사라지기 때문에 그 수를 정확히 말하기 어려워요. 따라서 to 뒤에 붙일 수 있는 동사의 개수는 부정확해요. 그래서 to 뒤에 붙일 수 있는 동사의 개수가 '부정확할 만큼 많다'는 뜻에서 'to부정사'라고 부르게 된 거예요.

> to 뒤에 오는 동사의 개수가 너무 많아서 정확한 수를 알 수 없다.
> 새로운 단어가 계속 생기기 때문에 동사의 개수가 부정확하다.
> → 정해지지 않았다 → 부정사
> → to와 함께 쓰이므로 to+부정사 = to부정사

to부정사를 영어로 to-infinitive(인피니티브)라고 하는데, 여기에서 infinitive는 '무한한, 끝없는'이라는 뜻의 infinite(인피닛)에서 유래한 거예요. 이 말을 한자로 표기하다 보니 '정해지지 않았다'는 의미에서 '부(不: 아닐) 정(定: 정할) 사(詞: 말씀)', 즉 '부정사'라는 용어가 만들어진 거예요. 이제 'to부정사'라는 용어에 대한 감이 잡혔을 거예요. 앞으로는 to부정사를 편하게 자주 사용해 보세요.

⑤ 동사 앞에 to를 붙이는 이유

'공부하다, 먹다, 노래하다' 등과 같은 동사에 '~는 것'을 붙이면 '공부하는 것, 먹는 것, 노래하는 것'과 같이 명사처럼 변해요. '~는 것'이 동사를 명사처럼 만들어주는 거죠. 이것은 영어에서도 마찬가지예요. study, eat, sing은 동사인데, 여기에 to를 붙여서 to study, to eat, to sing이라고 하면 명사처럼 변합니다. 그래서 이것을 **'동사를 명사처럼 바꾼다'** 또는 **'동사의 명사화'**라고 해요. 이때 해석은 **'~는 것'** 또는 **'~하기'**라고 하면 됩니다.

공부하다   공부하는 것
study → to study
 동사   명사

'동사를 명사로 바꾼다' 또는 '동사의 명사화'

to부정사를 명사로 바꾸는 연습을 먼저 하면 나중에 배우게 될 to부정사를 형용사 (p. 47)로 쓰기, to부정사를 부사 (p. 35)로 쓰기가 쉬워져요. 그래서 to부정사를 명사처럼 쓰는 연습을 먼저 하는 것이 좋아요.

⑥ to부정사 설명 3가지

(1) infinitive의 어원 infinite (인피닛: 수량이 무한한, 무한정의, 한계가 없는)으로 설명할 수 있어요. 'to 뒤에 무한정의 동사'를 붙인다는 개념입니다.

to (understand, accept, remember, open, agree ....)

이 설명은 'to+동사원형'을 쉽게 전달해서, 빨리 문장을 만드는 데 도움을 줘요.
이 설명은 1586년에 William Bullokar가 라틴 문법 설명을 영어에 적용하면서 to infinite가 아닌 to infinitive로 바뀌게 됩니다.

*라틴/Latin 언어: BC 700년부터 사용되는 언어입니다. 일상생활에서 사용은 줄어들었지만 문학, 철학, 수학, 과학, 문법에 많은 영향을 준 언어입니다.

(2) 동사 변화를 부인한다 또는 부정한다는 개념으로 설명할 수 있어요. 문장 I come의 주어를 He로 바꾸면 He comes가 되죠. 시제를 과거로 바꾸면 I came이 되고요. 동사 come은 인칭과 시제가 달라지면 거기에 맞춰서 comes와 came으로 변하게 돼요.
그런데 to come 안에 있는 동사 come는 언제나 그 원형을 유지하고 변하지 않아요. 동사 변화를 부인한다고 해서 'to + **변화하지 않는 동사** = to + **부정사**'라고 부르는 거죠.

> **to buy** (buy는 변화를 부인하고 원형 buy로 남습니다 ➜ 부정사)
> **to go** (go는 변화를 부인하고 원형 go로 남습니다 ➜ 부정사)

'주어의 인칭, 시제에 따른 변화를 부인한다' (William Bullokar 1586)라는 설명은 라틴 문법을 그대로 적용한 것이에요. 라틴말은 그 안에 주어가 포함되어 있기 때문에 인칭과 시제를 알 수 있어요 (예: I came = VENI 베니).

그런데 to come 안에는 주어가 없어서 인칭과 시제를 알 수가 없어요. 인칭과 시제가 없는 to come은 동사 변화를 부인하는 것이 아니라 못하는 거죠. 이 설명은 라틴 문법을 과하게 적용했지만, to 뒤에 변하지 않는 동사원형을 쓴다는 개념을 잘 전달하고 있어요.

(3) 'to+동사원형'이 **명사**, **형용사**, **부사** 중 무엇으로 쓰일지 정해지지 않아서 'to부정사'라고 부른다는 설명도 한번 들어보세요

> **to meet**
> 문장 속에 쓰기 전에는 해석 1, 2, 3중에 어느 것이 될지 알 수가 없어요.
> (해석 1: **명사**로 해석하기) 만나는 것,
> (해석 2: **형용사**로 해석하기) 만날,
> (해석 3: **부사**로 해석하기) 만나기 위하여

그래서 알 수 없다/정해지지 않았다 = **부정사**라고 부르게 되었어요. 이 설명은 to부정사가 **명사**, **형용사**, **부사**로 쓰인다는 것을 알려주는 장점이 있어요. 하지만 단점도 있는데요.

> **To meet him** is the first thing to do for me.
> (명사 주어로 쓰인 to meet him)
>
> I like **to meet him**.
> (명사 목적어로 쓰인 to meet him)
>
> It is time **to meet him**.
> (형용사로 쓰인 to meet him)
>
> **To meet him**, I called in the morning.
> (부사로 쓰인 to meet him)

지금처럼 문장 속에 **명사, 형용사, 부사**로 자리 잡는 순간 더 이상 '알 수 없다/정해지지 않았다 = **부정사**'가 아니에요. 문법적 역할이 정해졌기 부정사가 아닌 거죠. 게다가, to meet him을 써서 말을 할 때 우리는 이미 머릿속에 이 to meet him을 어디에 쓸지 **정한 상태**에서 말을 해요. 그러므로 정해지지 않아서 to 부정사라고 부르는 것에 무리가 있다는 의견도 있습니다.

> love → (동사) 사랑하다, (명사) 사랑
> go → (동사) 가다, (명사) 시작
> buy → (동사) 사다, (명사) 구매
> well → (명사) 우물, 연못   (부사) 잘, (형용사) 좋은, (동사) 샘솟다

이 단어들처럼 영어의 많은 단어들이 명사도 되고, 동사도 되고, 형용사도 돼요. 문장 속에 쓰기 전에는 문법적 역할이 정해지지 않은 상태로 있는 거죠. 정해지지 않아서 부정사라고 부르면 영어의 거의 모든 단어를 부정사로 봐야 하는 단점도 있어요. 하지만 이 설명은 '**to** + **동사원형**'을 문장에 쓰도록 안내하기에 좋은 설명입니다.

개념 정리 Quiz

1 우리말의 '~는 것'을 영어로 옮길 때 가장 적절한 것을 고르세요.

① in   ② to   ③ for   ④ with

2 '사랑하는 것'에 해당하는 영어 표현으로 바른 것을 고르세요.

① love   ② for love   ③ loves   ④ to love

3 다음 문장에서 밑줄 친 부분을 올바르게 해석한 것을 고르세요.

> <u>To study English</u> is important.

① 영어를 공부하다   ② 영어를 공부하고
③ 영어를 공부하는 것   ④ 영어를 공부하면서

4 to부정사가 만들어진 이유는 무엇인가요?

① 동사를 명사처럼 쓰기 위해서   ② 명사를 동사처럼 쓰기 위해서
③ 동사를 전치사처럼 쓰기 위해서   ④ 형용사를 명사처럼 쓰기 위해서

5 다음 중 동사를 명사화한 것으로 바른 것을 고르세요.

① believe → believed   ② help → with help
③ save → to save   ④ have → has

6 'to부정사'라는 이름이 붙은 이유는 무엇인가요? (답 3개)

① to뒤의 동사가 변화를 하지 않기 때문에
② 'to+동사원형'이 명사, 형용사, 부사 중 무엇으로 쓰일지 부정확하기 때문에
③ to를 쓰면 부정문이 만들어지기 때문에
④ to 뒤에 쓸 수 있는 동사의 개수가 너무 많아서 '정해져 있지 않다' 또는 '부정확하다'는 뜻에서

Practice

A to를 이용해서 다음을 영어로 옮기세요.

1 보는 것 (see) _____

2 자는 것 (sleep) _____

3 그를 사랑하는 것 (love him) _____

4 TV를 보는 것 (watch TV) _____

B to부정사를 찾아서 밑줄을 치고, 문장을 해석하세요.

5 To swim is fun.   *fun 재미있는

→ _____

6 I want to see you.

→ _____

7 I need to go there.

→ _____

C to부정사를 이용해서 다음을 영어로 옮기세요.

8 자전거를 타는 것은 쉽다. (ride a bicycle)

→ _____ is easy.

9 나는 단어 외우는 것을 좋아한다. (memorize words)

→ I like _____.

10 나는 이것을 나누기를 원한다. (share this)

→ I want _____.

반드시 알아야 할 to부정사의 쓰임

to부정사는 동사를 명사처럼 쓰기 위해 만들어진 것이며, 우리말의 '~는 것'과 유사하다는 것을 배웠어요. 이번에는 to부정사를 문장 속에서 어떻게 사용하는지 알아봐요.

① to부정사를 명사 자리에 넣기

다음은 영어 문장에서 가장 기본적이면서 빈도수가 높은 단어 배열이에요. 빗금 앞부분은 빠지면 안 되는 필수적인 부분이고, 빗금 뒷부분은 생략이 가능한 부분이에요.

> 명사 + 동사 + 명사 / 전치사 + 명사

이 단어 배열에서 명사 자리가 세 군데 보이죠? to부정사는 동사를 명사화한 것이므로 명사 자리에 쓸 수 있어요. 각 명사 자리에 to부정사를 넣어 볼까요?

❶ 첫 번째 명사 자리에 to부정사를 넣어 봐요.

To study English is easy.
　　명사　　　　　동사 형용사 (be동사를 쓰면 그 뒤에 명사나 형용사를 쓸 수 있어요.)

영어를 공부하는 것은 쉽다.

❷ 두 번째 명사 자리에 to부정사를 넣어 봐요.

I decided **to study** English.
명사 동사　　　　명사

나는 영어를 공부하기로 결심했다.

❸ 세 번째 명사 자리에 to부정사를 넣어 봐요.

We have a problem in **to study** English. (✕)
명사 동사　명사　　전치사　　명사

우리는 영어를 공부하는 것에 문제가 있다.

영어에서 가장 빈도수 높은 단어 배열의 명사 자리에 to부정사를 넣어 봤어요. 이렇게 to부정사를 명사 자리에 쓰는 것을 **'to부정사의 명사적 용법'**이라고 해요. 그중에서도 ❶번처럼 첫 번째 명사(주어) 자리에 to부정사를 쓰면 '주격 용법'이라고 하고, ❷번처럼 두 번째 명사(목적어) 자리에 to부정사를 쓰면 '목적격 용법'이라고 해요. 앞으로 to부정사를 주어 자리와 목적어 자리에 적극 사용하도록 하세요.

그런데 위 문장 중에서 틀린 문장이 하나 있어요. 바로 세 번째 명사 자리에 to부정사를 쓴 ❸번 문장이에요. 왜냐하면 'to부정사는 전치사 뒤에 쓸 수 없다'라는 원칙을 어겼기 때문이에요.

② 왜 전치사 뒤에는 to부정사를 못 쓸까?

to부정사를 전치사 뒤에 쓸 수 없는 이유는 to부정사의 to와 전치사 to가 철자와 발음이 똑같기 때문이에요. to부정사의 to는 새롭게 만들어진 말이 아니라 기존에 있던 전치사 to의 철자와 발음을 그대로 가지고 온 거예요. 이 둘은 생김새는 같지만 뜻과 쓰임은 전혀 달라요.

> (1) **전치사 to**: '~에, ~로'의 뜻으로, 방향을 나타낼 때 쓰인다.
> (2) **to부정사**: '~하는 것'이라는 뜻으로, 동사를 명사처럼 만들 때 쓰인다.

만약 전치사 뒤에 to부정사를 쓰면 어떤 문제가 생길까요?

> ❶ We have a problem **in to** study English.
>   　　　　　　　　　　　전치사　to부정사
>   우리는 영어를 공부하는 것에 문제가 있다.
>
> ❷ We look forward **to to** meet him.　　　　◎ to가 중복되는 문제 발생
>   　　　　　　　　　전치사　to부정사
>   우리는 그를 만나기를 학수고대한다.　　　　* look forward to ~를 기대하다[고대하다]
>
> ❸ I object **to to** meet him.　　　　◎ to가 중복되는 문제 발생
>   　　　　전치사　to부정사
>   나는 그를 만나는 것에 반대한다.　　　　* object to ~에 반대하다

❶번 같은 경우에는 별 문제가 없지만, ❷번과 ❸번처럼 전치사 to와 to부정사의 to가 연달아 나오면 to가 중복되는데, 영어는 반복을 싫어하므로 당연히 이런 현상을 꺼립니다.

③ to의 반복을 피하는 방법

to가 반복되는 것을 피하기 위해 to부정사의 to를 빼 버리면 어떻게 될까요?

> We look forward <u>to</u> ~~to~~ meet him.
>   전치사
> 우리는 그를 만나~~는 것을~~ 학수고대한다.
>
> ◐ '~는 것'이라는 의미가 없어져 버림

to부정사의 to를 생략해 버리면 '~는 것'이라는 뜻이 없어져 버립니다. 그래서 to 대신 '~는 것'이라는 뜻을 전달하는 방법을 찾아야 해요. 즉, 동사 앞에 to를 쓰지 않고 동사를 명사화하는 문법이 필요해요.

이번에는 동사 앞이 아니라 동사 뒤에 뭔가를 붙여 동사를 명사화하는 방법을 찾아봐요. 동사 work 뒤에 붙일 수 있는 것을 모두 붙여 볼게요.

work + **-s** → work**s**	일하다	(동사 ○)
work + **-ed** → work**ed**	일했다	(동사 ○)
work + **-ing** → work**ing**	일하는 것	(동사 ✕)
work + **-er** → work**er**	일하는 사람	(동사 ✕)

동사를 명사로 만들어야 하는데, -s를 붙인 works나 -ed를 붙인 worked는 여전히 동사의 성격을 가지고 있어요. 반면, -ing나 -er은 동사를 명사로 바꿔 줘요. 이 중에서 무엇을 택하게 되는지는 다음 Lesson에서 설명할게요.

개념 정리 Quiz

1 영어에서 사용 빈도수가 가장 높은 단어 배열은 무엇인가요?

① 명사 + 명사 + 동사 / 명사 + 전치사
② 동사 + 명사 + 명사 / 전치사 + 명사
③ 명사 + 전치사 + 명사 / 동사 + 명사
④ 명사 + 동사 + 명사 / 전치사 + 명사

2 다음 중에서 동사를 명사화한 to부정사를 쓸 수 있는 자리를 모두 고르세요.

$$\underset{①}{명사} + \underset{②}{동사} + \underset{③}{명사} / \underset{④}{전치사} + \underset{⑤}{명사}$$

3 전치사 뒤에 to부정사를 쓰지 않는 이유는 무엇인가요?

① 전치사 to와 to부정사의 to가 해석이 같기 때문에
② 전치사 to와 to부정사의 to를 나란히 쓰면 발음과 철자가 겹치기 때문에
③ 전치사 to와 to부정사의 to는 언제든지 생략할 수 있기 때문에
④ 전치사 to와 to부정사의 to가 같은 문법이기 때문에

4 다음 중 to부정사가 잘못 사용된 문장을 찾으세요.

① To exercise every day is necessary.
② I like to study with this book.
③ I thank you for to help me.
④ They need to finish it by Monday.

* exercise 운동하다 necessary 필요한 finish 끝내다

Practice

A to부정사를 찾아서 밑줄을 치고, 문장을 해석하세요.

1. To make a cake is easy.
→ _____

2. They decided to leave in the morning.   *decide 결정하다 leave 떠나다
→ _____

3. I like to sleep in the sofa.
→ _____

4. To keep a promise is important.   *keep a promise 약속을 지키다
→ _____

5. Who wants to do the dishes?   *do the dishes 설거지하다
→ _____

B to부정사를 이용해 다음을 영어로 옮기세요.

6. 영어를 공부하는 것은 시간이 필요하다. (study English)
→ _____ needs time.

7. 그는 인터넷으로 게임하는 것을 좋아한다. (play games)
→ He likes _____ on Internet.

8. 나는 지금 그를 볼 필요가 있어. (see him)
→ I need _____ now.

9. 잠을 너무 많이 자는 것은 안 좋아요. (sleep too much)
→ _____ is not good.

10. 그들은 정상에 도달하는 것에 도전했다. (reach the top)
→ They challenged _____.

LESSON 02 • 25

동명사에 대한 새로운 깨달음

전치사 to와 to부정사의 to가 겹치는 문제를 해결하기 위해 to부정사를 대신하여 동사를 명사화시키는 방법이 필요해요. 그 방법이 무엇인지 찾아봅시다.

1 to부정사를 대신하는 동명사

동사 뒤에 -er을 붙이거나 -ing를 붙이면 명사가 됩니다. 이 중에 어떤 것이 to부정사를 대신할 수 있을까요? -er은 모든 동사에 붙일 수 있는 것이 아닙니다. worker(○)는 가능하지만, liker(×), sayer(×), haver(×)와 같이 쓰지는 않으니까요.

그런데 -ing는 모든 동사 뒤에 붙일 수 있어요. 그래서 결국 to부정사를 대신하여 동사를 '~는 것'이라는 뜻으로 말하기 위해 -ing를 쓰게 됐어요. 이렇게 만들어진 〈**동사 + -ing**〉 형태를 '**동명사**'라고 불러요. 동사를 명사로 바꿔주기 때문에 '동명사'라고 이름 붙인 거예요.

work	일하다	→	work**ing**	일하는 것
like	좋아하다	→	lik**ing**	좋아하는 것
study	공부하다	→	study**ing**	공부하는 것
fix	고치다	→	fix**ing**	고치는 것

2 전치사 뒤에는 to부정사 대신 동명사

그럼 전치사 뒤에 to부정사 대신 동명사를 넣어 볼까요?

❶ I am looking forward **to to** meet you.   ○ 전치사 to와 to부정사의 to가 중복됨
→ I am looking forward **to** meet**ing** you.   ○ to부정사를 동명사로 바꾸면 문제 해결
   나는 그를 만나기를 학수고대하고 있다.

❷ We object **to to** go there.   ○ 전치사 to와 to부정사의 to가 중복됨
→ We object **to** go**ing** there.   ○ to부정사를 동명사로 바꾸면 문제 해결
   우리는 거기에 가는 것에 반대한다.

> ❸ She's interested **in to** study Korean history.
> ○ 전치사 뒤에 to부정사를 쓸 수 없음
>
> → She's interested **in study**ing Korean history.
> 그녀는 한국사를 공부하는 것에 흥미가 있다.
> ○ to부정사를 동명사로 바꾸면 문제 해결

전치사 뒤에 나오는 to부정사를 동명사로 바꿔 주니 to가 중복되는 문제가 해결됐어요. 앞으로 전치사 뒤에 동사를 쓸 때는 이렇게 동명사를 쓰도록 하세요.

③ 동명사가 만들어진 또 다른 이유

to부정사를 주어로 쓰면 주어가 두 단어(to+동사원형)이기 때문에 다소 복잡해 보여요. 반면 동명사는 한 단어이기 때문에 더 간단하지요. 이것이 동명사를 사용하는 또 다른 이유예요.

> ❶ **To study** English **is** important. ○ 주어가 복잡함
>   to부정사 주어   동사
>
> = **Studying** English **is** important. ○ 주어가 간단함
>   동명사 주어   동사
>
> 영어를 공부하는 것은 중요하다.
>
> ❷ **To eat** food regularly **is** necessary. ○ 주어가 복잡함
>   to부정사 주어   동사
>
> = **Eating** food regularly **is** necessary. ○ 주어가 간단함
>   동명사 주어   동사
>
> 음식을 규칙적으로 먹는 것은 필수적이다.

이처럼 동명사는 to부정사의 단점을 해결하기 위해 생겨났다는 것을 이해하면 앞으로 동명사를 훨씬 더 쉽게 사용할 수 있을 거예요. 이런 연결성 때문에 to부정사와 동명사를 **package grammar** 패키지 문법 또는 **family group** 가족 그룹 이라고 해요.

④ to부정사 주어와 동명사 주어의 차이

to부정사와 동명사 중 주어로 더 많이 쓰이는 것은 무엇일까요? 영어는 짧고 간단한 주어를 선호하기 때문에 to부정사보다는 동명사를 주어로 더 선호합니다. to부정사를 주어로 쓰면 동명사를 주어로 쓸 때보다 길고 복잡해지는데, 이러한 단점을 감수하고 to부정사를 주어로 쓴다면 그것은 주어를 강조하기 위한 거예요. 다음 두 문장의 어감을 비교해 보세요.

❶ **Exercising every day** is important.　　　◯ 일반적인 문장
　　　동명사 주어　　　　　　동사

❷ **To exercise every day** is important.　　　◯ 주어를 강조한 문장
　　　to부정사 주어　　　　　　동사

매일 연습하는 것이 중요하다.

동명사 주어를 사용한 ❶번에 비해 to부정사 주어를 사용한 ❷번은 주어를 강조한 어감을 줘요. 이제 언제 to부정사를 주어로 쓰고 언제 동명사를 주어로 쓸지 결정할 수 있겠죠? 앞으로는 두 가지를 잘 구분해서 사용하도록 하세요.

⑤ to부정사 주어와 동명사 주어 연습하기

주어가 강조된 다음 문장을 일반적인 문장으로 바꿔 볼까요?

❶ **To persuade** him is difficult.　　　◯ 주어를 강조한 문장
→ **Persuading** him is difficult.　　　◯ 일반적인 문장
그를 설득하는 것은 힘들다.　　　＊persuade 설득하다

❷ **To gather** the information is your job.　　　◯ 주어를 강조한 문장
→ **Gathering** the information is your job.　　　◯ 일반적인 문장
정보를 모으는 것이 네 일이다.　　　＊gather 모으다

다음 문장을 주어를 강조한 문장으로 바꿔 봐요.

❸ **Keeping** the promise is basically important.　　　◯ 일반적인 문장
→ **To keep** the promise is basically important.　　　◯ 주어를 강조한 문장
약속을 지키는 것은 기본적으로 중요하다.

❹ **Understanding** grammar is easy and interesting.　　　◯ 일반적인 문장
→ **To understand** grammar is easy and interesting.　　　◯ 주어를 강조한 문장
문법을 이해하는 것은 쉽고 재미있다.

6 동명사를 명사 자리에 넣기

다음은 영어 문장에서 가장 빈도수가 높은 단어 배열이에요.

> 명사 + 동사 + 명사 / 전치사 + 명사

이 단어 배열 중 명사 자리에 동명사를 넣어 봐요.

❶ 첫 번째 명사 자리에 동명사를 넣어 봐요.

<u>Seeing</u> is <u>believing</u>.
명사   동사   명사

보는 것이 믿는 것이다.

❷ 두 번째 명사 자리에 동명사를 넣어 봐요.

I like <u>watching</u> a baseball game.
명사 동사   명사

나는 야구 경기 보는 것을 좋아한다.

❸ 세 번째 명사 자리 (전치사 뒤)에 동명사를 넣어 봐요.

We talked about <u>watching</u> a baseball game.
명사   동사   전치사   명사

우리는 야구 경기 보는 것에 대하여 얘기했다.

이렇게 동명사는 명사 자리 세 곳에 모두 쓸 수 있어요. 이것을 **'동명사의 명사적 용법'**이라고 불러요. 동명사를 ❶번처럼 주어 자리에 쓰면 '주격 용법'이라고 하고, ❷번처럼 목적어 자리에 쓰면 '목적격 용법', ❸번처럼 전치사 뒤에 쓰면 '전치사의 목적격 용법'이라고 해요.

to부정사와 동명사는 둘 다 '명사적 용법'으로 사용되는데, to부정사는 전치사 뒤에 쓸 수 없지만 동명사는 전치사 뒤에 쓸 수 있다는 차이가 있어요.

개념 정리 Quiz

1 동명사가 해결해 주는 to부정사의 단점을 두 가지 고르세요.

① 전치사 앞에 쓰지 못한다.　　② 전치사 뒤에 쓰지 못한다.

③ 주어로 쓰기에 다소 복잡하다.　　④ 목적어로 쓰기에 다소 복잡하다.

2 다음 중에서 to부정사를 쓸 수 있는 자리를 모두 고르세요.

$$\underset{①}{명사} + \underset{②}{동사} + \underset{③}{명사} / \underset{④}{전치사} + \underset{⑤}{명사}$$

3 다음 중에서 동명사를 쓸 수 있는 자리를 모두 고르세요.

$$\underset{①}{명사} + \underset{②}{동사} + \underset{③}{명사} / \underset{④}{전치사} + \underset{⑤}{명사}$$

4 괄호 속에서 둘 중 알맞은 문법 이름을 고르세요.

to부정사와 동명사 중 주어로 더 많이 쓰이는 것은 (1) (to부정사 / 동명사)이다. 그 이유는 (2) (to부정사 / 동명사)가 주어로 사용하기에 더 (3) (복잡하기 / 간단하기) 때문이다. 그럼에도 불구하고 주어를 강조하고 싶은 경우에는 주어로 (4) (to부정사 / 동명사)를 사용한다.

5 밑줄 친 부분을 올바르게 바꿔 문장을 다시 쓰세요.

(1) We look forward to to work with you.

→ _____

(2) I object to to change the schedule.

→ _____

* schedule 일정

(3) I am interested in <u>to meet</u> him.

→ _____

6 동명사를 이용해서 주어를 일반적인 형태로 바꿔 문장을 다시 쓰세요.

(1) To use a phone in the theater is rude.

→ _____

(2) To help each other makes all people happy.

→ _____

7 **to**부정사를 이용해서 주어를 강조한 형태로 바꿔 문장을 다시 쓰세요.

(1) Working with you has a merit.

→ _____

(2) Studying a foreign language is interesting to me.

→ _____

* theater 극장 rude 무례한 merit 장점 foreign language 외국어

Practice

A 동명사를 찾아서 밑줄을 치고, 문장을 해석하세요.

1 He started running in the rain.
   → _____

2 Reading is important and writing is more important.
   → _____

3 I am interested in looking around here.   *look around 둘러보다, 구경하다
   → _____

4 The teacher recommended memorizing many words.   *recommend 추천하다
                                                    memorize 암기하다
   → _____

5 I love working at home, but hate working in an office.
   → _____

B 동명사를 이용해서 다음을 영어로 옮기세요.

6 이해하는 것은 쉽지만, 연습하는 것은 어렵다. (understand, practice)
   → _____ is easy, but _____ is difficult.

7 인터넷에서 정보를 찾는 것은 배우기 쉽다. (find, information)
   → _____ on the Internet is easy to learn.

8 나는 너와 얘기하고 시간 보내는 것을 즐겼어. (talk, spend, time)
   → I enjoyed _____ with you.

9 우리는 당신 회사와 파트너 관계를 맺게 되어 기쁩니다. (have, a partnership)
   → We are happy about _____ with your company.

10 나는 비밀번호를 적어 놓았던 것을 깜빡했어. 그게 뭐였지? (write, password)
   → I forgot _____. What was it?

Study More

동명사가 들어간 유용한 표현

전치사 뒤에 동명사가 나오는 숙어 중 생활 속에서 자주 쓰이는 표현들입니다. 모두 통째로 외워 두세요.

▶ **be in charge of -ing** ~하는 것을 담당하고 있다

　Sue **is in charge of** organiz**ing** the meeting.
　Sue는 회의 준비를 담당하고 있다.

▶ **be interested in -ing** ~하는 것에 관심이 있다

　I **am interested in** study**ing** more about Stone Age.
　나는 석기 시대에 대해 더 공부하는 것에 관심이 있다.

▶ **be used to -ing** ~하는 것에 익숙하다

　I **am used to** work**ing** late at night.
　나는 밤늦게 일하는 것에 익숙하다.

▶ **feel up to -ing** ~할 마음[기력]이 있다

　I do not **feel up to** go**ing** shopping today.
　나는 오늘 쇼핑 갈 기력이 없다.

▶ **think about -ing** ~하는 것에 대해서 생각하다

　We are **thinking about** rais**ing** the minimum wages.
　우리는 최저 임금을 올리는 것에 대해서 생각 중이다.

▶ **complain about -ing** ~하는 것에 대해서 불평하다

　Jim **complained about** sleep**ing** on the cold floor.
　Jim은 차가운 바닥에서 자는 것에 대해서 불평했다.

▶ **be afraid of -ing** ~하는 것을 무서워하다

　I **am afraid of** be**ing** in a dark room alone.
　나는 어두운 방에 혼자 있는 것을 무서워한다.

▶ **be worried about -ing** ~하는 것에 대해서 걱정하다

　She **is worried about** tak**ing** the TOEFL.
　그녀는 토플 시험 보는 것에 대해서 걱정하고 있다.

▶ **be surprised about -ing** ~하는 것에 놀라다

　We **were surprised about** chang**ing** plans suddenly.
　우리는 갑자기 계획을 바꾸는 것에 놀랐다.

▶ **thank A for -ing** ~한 것에 대해 A에게 고마워하다

I **thanked** the teacher **for** teach**ing** me.
나는 나를 가르쳐 주신 것에 대해 선생님께 감사했다.

▶ **make an excuse for -ing** ~하는 것에 대해 변명하다

He **made an excuse for** leav**ing** early.
그는 일찍 떠나는 것에 대해 변명했다.

▶ **talk about -ing** ~하는 것에 대해 이야기하다

We **talked about** go**ing** to Alaska for our vacation.
우리는 휴가차 알래스카 주에 가는 것에 대해서 이야기했다.

▶ **be accustomed to -ing** ~하는 것에 익숙하다

I **am accustomed to** work**ing** late at night.
나는 밤늦게 일하는 것에 익숙하다.

▶ **look forward to -ing** ~하는 것을 학수고대하다

I **look forward to** hav**ing** my brother's birthday party.
나는 우리 남자형제 (형 또는 남동생)의 생일 파티를 여는 것을 학수고대한다.

▶ **object to -ing** ~하는 것에 반대하다

They **object to** work**ing** on Sunday.
그들은 일요일에 일하는 것에 반대한다.

▶ **take part in -ing** ~하는 것에 참여하다

I want to **take part in** writ**ing** the book.
나는 그 책을 쓰는 것에 참여하고 싶다.

▶ **be tired of -ing** ~하는 것에 지치다

I **am tired of** listen**ing** to your songs.
나는 너의 노래를 듣는 것에 지쳤다.

▶ **be proud of -ing** ~하는 것에 대해 자랑스러워하다

Mike **was proud of** gett**ing** an "A" in history.
Mike는 역사에서 A를 받은 것에 대해 자랑스러워했다.

● 모두 외웠나요? 그럼 이제 우리말을 보고 영어로 써 보세요.

1 ~하는 것에 익숙하다
2 ~하는 것에 관심이 있다
3 ~하는 것을 담당하고 있다
4 ~하는 것을 무서워하다
5 ~할 마음[기력]이 있다
6 ~하는 것에 대해서 불평하다
7 ~하는 것에 대해서 생각하다
8 ~하는 것에 참여하다
9 ~하는 것에 지치다
10 ~하는 것에 대해서 걱정하다
11 ~하는 것에 놀라다
12 ~하는 것을 학수고대하다
13 ~한 것에 대해 A에게 고마워하다
14 ~하는 것에 반대하다
15 ~하는 것에 대해 변명하다
16 ~하는 것에 대해 자랑스러워하다
17 ~하는 것에 대해 이야기하다

매일 쓰는 in order to

더 좋은 영어 문장, 더 긴 영어 글을 쓰는 데 아주 결정적인 역할을 하는 것이 in order to입니다. 어렵지 않으면서 영어 실력에 큰 변화를 줄 수 있는 부분이니 잘 익혀 두세요.

1 '~하기 위하여'는 in order to

in order to는 '~하기 위하여'라는 뜻이에요. '공부하다'가 study인데, '공부하기 위하여'라고 하려면 in order to study라고 하면 돼요. 앞으로 '~하기 위하여'라고 말하고 싶으면 in order to를 쓰세요.

공부하다	study	→	공부하기 위하여	**in order to** study
운동하다	exercise		운동하기 위하여	**in order to** exercise
사랑하다	love		사랑하기 위하여	**in order to** love

2 in order to의 반복을 피하는 방법

다음 글을 소리 내서 읽어 보세요.

> I woke up at six **in order to** go to work. I took the subway **in order to** avoid the unnecessary traffic jams. I went up to the office **in order to** call my friend. I checked my email **in order to** see the schedule. I went down to the faculty room **in order to** make some copies, and I came in the class **in order to** teach. Now I am teaching this class **in order to** make my students really happy.
>
> ◑ in order to가 계속 반복되어 부자연스러운 글이 됨

나는 일하러 가기 위해서 6시에 일어났다. 불필요한 교통 정체를 피하기 위해서 나는 지하철을 탔다. 나는 내 친구에게 전화를 하기 위해 사무실로 올라갔다. 나는 일정을 알아보기 위해서 내 이메일을 확인했다. 나는 복사를 몇 장 하기 위해 교무실로 내려갔다가 수업을 하기 위해서 교실로 들어왔다. 이제 나는 내 학생들을 정말 행복하게 만들어 주기 위해서 이 수업을 하고 있다.

*unnecessary 불필요한   traffic jam(s) 교통 체증   faculty room 강사실

위 글을 읽다 보면 in order to가 반복되면서 귀에 몹시 거슬리고 부자연스러워요. 영어는 반복을 싫어하기 때문에 in과 order를 생략해 버리는 조치를 취합니다. 결국 '~하기 위하여'라는 뜻을 나타낼 때 <u>in order 를 생략하고 to만 사용합니다.</u> in order to를 to로 줄인 다음 글을 읽으면서 느낌을 비교해 보세요.

> I woke up at six **to** go to work. I took the subway **to** avoid the unnecessary traffic jams. I went up to the office **to** call my friend. I checked my email **to** see the schedule. I went down to the faculty room to make some copies, and I came in the class to teach. Now I am teaching this class **to** make my students really happy.
> ◐ in order to를 to로 줄여서 자연스러운 글이 됨

반복되던 in order to가 to로 바뀌면서 훨씬 자연스러운 글이 됐어요.
'~하기 위하여'를 영어로 말할 때는 보통 in order를 생략하고 to만 쓰는 것이 더 자연스러워요.

> I took a seat behind the tree ~~in order~~ **to** avoid people's eyes.
> = I took a seat behind the tree **to** avoid people's eyes. ◐ 더 자연스러움
> 나는 사람들의 눈을 피하기 위해서 나무 뒤에 앉았다.

이렇게 in order to(~하기 위하여) 대신 쓰이는 to부정사를 **'to부정사의 부사적 용법'**이라고 해요.

③ '~하는 것'의 to와 '~하기 위하여'의 to를 구별하는 방법

to부정사의 뜻이 '~는 것'도 있고, '~하기 위하여'도 있어요. 그러면 다음은 무슨 뜻일까요?

| to change | to study | to manage |
| to fix | to attend | to understand |

to change가 '바꾸는 것'일까요, 아니면 '바꾸기 위하여'일까요? 이것만 봐서는 알 수 없어요. 무슨 뜻으로 쓰인 것인지 알기 위해서는 to 주변에 무엇이 오는지 확인해야 해요. 두 가지 구별법을 알려 줄게요.

(1) 문장 속에서 해석을 통해 알 수 있다.

다음 문장 속에서 to를 '~하는 것'과 '~하기 위하여'의 뜻으로 모두 해석해 보세요. to가 둘 중 어느 것으로 쓰였는지 쉽게 구별할 수 있어요.

❶ **I bought a ticket to see a movie.**
　나는 영화를 보는 것을 표를 샀다. (×)
　나는 영화를 보기 위하여 표를 샀다. (○)

❷ **To see a movie, I called my friend.**
　영화를 보는 것은 나는 친구에게 전화했다. (×)
　영화를 보기 위하여 나는 친구에게 전화했다. (○)

❸ **To see a movie costs money.**
　영화를 보는 것은 돈이 든다. (○)
　영화를 보기 위하여 돈이 든다. (×)

❹ **I like to see a movie.**
　나는 영화 보는 것을 좋아한다. (○)
　나는 영화 보기 위하여 좋아한다. (×)

to see a movie만 있으면 어떤 뜻으로 쓰였는지 알 수 없지만, 앞뒤 단어를 보면서 문장을 해석해 보면 어떤 뜻으로 쓰인 것인지 알 수 있어요. ❶번과 ❷번에서는 '영화를 보기 위하여'라는 뜻으로 쓰였고, ❸번과 ❹번에서는 '영화를 보는 것'이라는 뜻으로 쓰였어요.

(2) 삭제해 보면 알 수 있다.

to부정사가 쓰인 위치를 통해 '~는 것'의 to인지, '~하기 위하여'의 to인지 알 수 있어요. 일단 to가 들어간 표현을 삭제한 후 문법 또는 해석에 이상이 없는지 살펴보세요.

❶ I bought a ticket ~~to see a movie~~.　　◯ 문법에 이상 없음
　나는 표를 샀다.

❷ ~~To see a movie~~, I called my friend.　　◯ 문법에 이상 없음
　나는 친구에게 전화했다.

❸ ~~To see a movie~~ costs money. (×)　　◯ 주어가 없어서 문법이 틀림
　돈이 든다.

❹ I like ~~to see a movie~~. (×)　　◯ 목적어가 없어서 문장이 불완전하고 내용 전달이 안 됨
　나는 좋아한다.

to가 '~하기 위하여'라는 뜻으로 쓰인 ❶번과 ❷번은 to부분을 빼도 문법에 이상이 없어요. 반면, '~는 것'이라는 뜻으로 쓰인 ❸번과 ❹번은 to부분을 빼면 문법이 틀리고 어색해져요.

in order to(~하기 위하여)를 줄여서 쓴 to는 부연 설명의 성격을 갖고 있기 때문에 문장의 맨 앞에 써도 되고 맨 뒤에 써도 되고, 심지어 삭제해도 문법이 틀리지 않아요. 반면 '~하는 것'의 to는 문장의 주어나 목적어 자리에 쓰이기 때문에 삭제하면 문법이 틀리거나 어색해진다는 차이가 있어요. 깔끔하게 정리해 드릴게요.

	(in order) to ~하기 위하여	to ~는 것
위치	문법으로부터 자유로워서 ①번처럼 문장 맨 뒤에 써도 되고 ②번처럼 문장 맨 앞에 써도 된다.	③번처럼 첫 번째 명사 자리(주어)나 ④번처럼 두 번째 명사 자리(목적어)에 쓴다.
삭제 여부	문법으로부터 자유로워서 삭제해도 문제가 없다.	주어나 목적어 역할을 하기 때문에 삭제하면 문법이나 내용에 이상이 생긴다.

④ 언제 in order to를 사용할까?

영어도 우리말처럼 말이 길어질수록 더 공손해지는 경향이 있어요. Will you...?보다 Would you...?가 더 공손한 것처럼요. 따라서 in order to를 to로 줄이지 않고 굳이 모두 썼다면 '정식, 공손'의 표현이라고 할 수 있어요.

또한 평상시에는 to만 써도 되는데, 평상시 습관을 따르지 않고 in order to를 모두 쓴다면 당연히 눈에 띄겠죠. 따라서 '강조'의 효과도 있어요.

I came here **to** see Dr. Lee. ❍ 평상시
저는 이 박사님을 만나러 왔어요.

I came here **in order to** see Dr. Lee. ❍ 정식, 공손, 강조
저는 이 박사님을 만나러 왔어요.

모든 글과 말에 in order to를 쓴다면 잘 쓴 글일까요? 그렇지 않아요. in order to는 **강조**할 때만 사용하도록 하세요.

⑤ to부정사의 to(~하기 위해서)와 전치사 for(~을 위해서)

다음 두 문장을 비교해 보세요.

❶ I work **for** you. 나는 너를 위해서 일한다.

 I work **to help** you. 나는 너를 돕기 위해서 일한다. ○ 더 구체적임 (행동)

두 문장의 뜻은 비슷하지만, 전치사 for를 사용하는 것보다 to(~하기 위하여)를 사용하면 행동을 더 구체적으로 전달할 수 있어요. 다음 문장들도 비교해 보세요.

❷ I studied **for** a pop quiz.
 나는 쪽지 시험을 위해서 공부했다.

 I studied **to take** a pop quiz. ○ 더 구체적임 (행동)
 나는 쪽지 시험을 치르기 위해서 공부했다.

❸ I pray **for** you.
 나는 너를 위해서 기도한다.

 I pray **to wish** your success. ○ 더 구체적임 (행동)
 나는 너의 성공을 빌기 위해서 기도한다.

❹ Jack went to the store **for** some bread.
 Jack은 빵을 위해서 가게에 갔다.

 Jack went to the store **to buy** some bread. ○ 더 구체적임 (행동)
 Jack은 빵을 사기 위해서 가게에 갔다.

개념 정리 Quiz

1 in order to를 to로 줄여서 사용하는 이유는 무엇인가요?

_____

2 '~하는 것'의 to와 '~하기 위해서'의 to를 구별하는 두 가지 방법을 쓰세요.

(1) _____

(2) _____

3 둘 중 알맞은 것을 고르세요.

> 영어로 '~하기 위하여'를 평상시에 말할 때는 (1) (in order to / to)를 사용하고,
> '~하기 위하여'를 정식으로 강조해서 말할 때는 (2) (in order to / to)를 사용한다.

4 문장 속에서 to의 쓰임이 다른 것을 고르세요.

① She called me to talk.　　② I did this to help you.
③ I need to see you.　　④ To sleep, I went to bed.

5 밑줄 친 부분을 삭제하면 문법이 틀리는 것을 고르세요.

① To take the bus, I ran.
② I study hard to get a 100 score.
③ I listened to music to release my stress.
④ To play with fire is dangerous.

6 to memorize quickly(빨리 외우기 위해서)가 들어갈 수 있는 자리를 모두 고르세요.

> ①　I　②　repeat　③　the words　④　.

*score 점수   release stress 스트레스를 풀다   dangerous 위험한

Practice

A 다음을 영어로 옮기세요.

1. 만나기 위해서 (meet) → [정식, 강조] _____
2. 노력하기 위해서 (try) → [평상시] _____
3. 바꾸기 위해서 (change) → [정식, 강조] _____

B to부정사나 〈in order to + 동사원형〉을 찾아 밑줄을 치고, 문장을 해석하세요.

4. We read this book to study English.
→ _____

5. Jim and I decided to save more money. *save 저축하다
→ _____

6. She likes to eat vegetables to lose her weight. *vegetable 야채
lose weight 살을 빼다
→ _____

7. In order to meet you, I waited for many hours.
→ _____

C to부정사를 이용해 다음을 영어로 옮기세요.

8. 그것을 고치기 위해서 나는 이것이 필요하다. (fix it)
→ I need this _____.

9. 그는 시간을 물어보기 위해 나에게 왔다. (ask the time)
→ He came to me _____.

10. 거기에 빨리 도착하기 위해서 우리는 택시를 탈 필요가 있다.
(take a taxi, arrive there quickly)
→ We need _____.

Study More

글 속에서 in order to 확인하기

'~하기 위하여(= in order to)'라는 뜻의 to부정사를 쓰기 전의 글과 쓰고 난 후의 글을 비교해 보세요. 글의 내용이 훨씬 자세하고 풍부해진 것을 알 수 있어요. 45쪽에 있는 해석을 참고하면서 부담 없이 읽어 보세요.

Before
▼

Dr. Stanley Milgram invited local people. He asked them to obey his command. The subjects agreed. Milgram prepared a shock generator. This generator gives electric shocks. It has 30 buttons. Each button delivers 15 more volts. When the subjects(students) made an error, the other subjects(teachers) gave the students an electric shock. Milgram ordered to continue. The subjects(students) made an error continuously.

When the subjects(students) received 75 volts, they grunted. In 120 volts, they shouted in pain. In 150 volts, the subjects(students) begged to stop. When it reached 200 volts, the subjects(students) made blood-curdling screams. With the 300-volt electric shocks, they mumbled something about a heart condition. Milgram ordered to go on to the teachers. In 330 volts, only silence. People would die in 330 volts. In 400 volts, nothing from the students.

Surprisingly, 65% of the participants went on and pushed the last button in 450 volts. This experiment brought a huge controversial issue. However, it proves that ordinary people involve inhuman activities with a pressure from a high authority.

In fact, the subjects(students) were good actors. They did not receive any electric shocks. They were acting.

* obey 순종하다 command 명령 subject 실험 대상 generator 발생시키는 것 electric 전기의 deliver 전달하다 continuously 계속적으로 grunt 앓는 소리를 내다 beg 애원하다 blood-curdling 피가 얼어붙을 정도인, 소름끼치는 mumble 중얼거리다 surprisingly 놀랍게도 participant 참가자 experiment 실험 controversial 논란이 많은 prove 증명하다 ordinary 보통의 involve 포함하다, 관련시키다 inhuman 비인간적인 pressure 압력, 압박 authority 권위, 권력 act 연기하다

LESSON 04 • 43

After

Dr. Stanley Milgram invited local people **to conduct a research**. He asked them to obey his command **to enhance the result**. The subjects agreed. Milgram prepared a shock generator **to give electric shocks to the subjects**. **To make the subjects memorize the words**, this generator gives electric shocks. It has 30 buttons **to generate shocks**. Each button delivers 15 more volts **to reach 450 volts**. When the subjects(students) made an error, the other subjects(teachers) gave the students an electric shock **to remind them of the answer. To give the stress to them**, Milgram ordered to continue. The subjects(students) made an error continuously.

When the subjects(students) received 75 volts, they grunted. In 120 volts, they shouted in pain. In 150 volts, the subjects(students) begged to stop. When it reached 200 volts, the subjects(students) made blood-curdling screams **to get out**. With the 300-volt electric shocks, they mumbled something about a heart condition **to inform their physical condition to the other subjects(teachers)**. **To add more stress to the teachers**, Milgram ordered to go on to the teachers. In 330 volts, only silence. People would die in 330 volts. In 400 volts, nothing from the students.

Surprisingly, 65% of the participants went on and pushed the last button in 450 volts **to obey the command**. This experiment brought a huge controversial issue. However, it proves that ordinary people involve inhuman activities with a pressure from a high authority **to escape the stress and to avoid the responsibility**.

In fact, the subjects(students) were good actors. They did not receive any electric shocks. They were acting **to help the experiment**.

---

* conduct (특정 활동을) 하다 research 연구, 조사 enhance 향상시키다 remind 상기시키다 physical condition 신체 상태 escape 달아나다, 탈출하다 responsibility 책임

Before

　　Stanley Milgram(스탠리 밀그램) 박사는 지역 주민들을 초대했다. 그는 그들에게 그의 명령에 복종할 것을 부탁했다. 실험 대상자들은 동의했다. Milgram 박사는 충격 발생기를 준비했다. 이 발생기는 전기 충격을 준다. 그것에는 30개의 버튼이 있다. 각 버튼은 15볼트씩을(15볼트씩의 충격을) 더 가한다. 학생 역할을 맡은 실험 대상자들이 실수를 하자 선생 역할을 맡은 다른 실험 대상자들은 학생들에게 전기 충격을 가했다. Milgram 박사는 계속하라고 명령했다. 학생 역을 맡은 실험 대상자들은 계속 실수를 저질렀다.

　　학생 역의 실험 대상자들은 75볼트의 충격을 받자 끙 앓는 소리를 냈다. 120볼트에서 그들은 고통스러워 소리를 질렀다. 150볼트에서 학생 역의 실험 대상자들은 멈추라고 애원했다. 전기 충격이 200볼트에 이르자, 학생 역의 실험 대상자들은 소름이 끼칠 만큼 오싹한 비명을 질렀다. 300볼트의 전기 충격에서 그들은 심장 상태에 대해 뭐라고 중얼거렸다. Milgram 박사는 선생들에게 계속하라고 명령했다. 330볼트에서는 침묵만 흘렀다. 330볼트에서는 사람들이 목숨을 잃기도 한다. 400볼트에서는 학생들에게서 아무런 소리도 들리지 않았다.

　　놀랍게도, 참가자들 중 65%가 계속 진행하여 450볼트의 마지막 버튼을 눌렀다. 이 실험은 커다란 논란을 야기했다. 그러나, 그것은 보통 사람들이 높은 권력의 압력이 있으면 비인간적인 활동에 연루된다는 것을 입증하고 있다.

　　사실, 학생 역할을 맡은 실험 대상자들은 연기를 잘하는 배우들이었다. 그들은 어떠한 전기 충격도 받지 않았다. 그들은 연기를 하고 있었다.

After

　　Stanley Milgram(스탠리 밀그램) 박사는 **한 연구를 수행하기 위해서** 지역 주민들을 초대했다. 그는 **결과를 향상시키기 위하여** 그들에게 그의 명령에 복종할 것을 부탁했다. 실험 대상자들은 동의했다. Milgram 박사는 **실험 대상자들에게 전기 충격을 주기 위해** 충격 발생기를 준비했다. **실험 대상자들이 단어들을 외우도록 만들기 위해** 이 발생기는 전기 충격을 준다. 그것에는 **충격을 발생시키기 위해** 30개의 버튼이 있다. 각 버튼은 15볼트씩을(15볼트씩의 전기 충격을) 더 가하여 **450볼트까지 이르게 된다**. 학생 역할을 맡은 실험 대상자들이 실수를 하자 선생 역할을 맡은 다른 실험 대상자들은 **학생들에게 답을 상기시키기 위해** 전기 충격을 가했다. **그들에게 스트레스를 주기 위해** Milgram 박사는 계속하라고 명령했다. 학생 역을 맡은 실험 대상자들은 계속 실수를 저질렀다.

　　학생 역의 실험 대상자들은 75볼트의 충격을 받자 끙 앓는 소리를 냈다. 120볼트에서 그들은 고통스러워 소리를 질렀다. 150볼트에서 학생 역의 실험 대상자들은 멈추라고 애원했다. 전기 충격이 200볼트에 이르자, 학생 역의 실험 대상자들은 **헤어나기 위해** 소름이 끼칠 만큼 오싹한 비명을 질렀다. 300볼트의 전기 충격에서 그들은 **선생 역할의 다른 실험 대상자들에게 자신들의 신체적 상태를 알리기 위해** 심장 상태에 대해 뭐라고 중얼거렸다. **선생들에게 스트레스를 더 주기 위해서** Milgram 박사는 그 선생들에게 계속하라고 명령했다. 330볼트에서는 침묵만 흘렀다. 330볼트에서는 사람들이 목숨을 잃기도 한다. 400볼트에서는 학생들에게서 아무런 소리도 들리지 않았다.

　　놀랍게도, 참가자들 중 65%가 **명령에 복종하기 위해** 계속 진행하여 450볼트의 마지막 버튼을 눌렀다. 이 실험은 커다란 논란을 야기했다. 그러나, 그것은 보통 사람들이 높은 권력의 압력이 있으면 **스트레스에서 벗어나고 책임을 회피하기 위해** 비인간적인 활동에 연루된다는 것을 입증하고 있다.

　　사실, 학생 역할을 맡은 실험 대상자들은 연기를 잘하는 배우들이었다. 그들은 어떠한 전기 충격도 받지 않았다. 그들은 **그 실험을 돕기 위해서** 연기를 하고 있었다.

세 개의 to를 한 문장에 쓰기

'~는 것'이라는 to와 '~하기 위하여'라는 to 외에 '전치사 to'도 있어요.
이 세 개의 to를 동시에 사용하면 아주 수준 높은 문장을 만들 수 있어요.

1 가장 많이 쓰이는 to의 세 종류

'~는 것'이라는 뜻의 to와 '~하기 위하여'라는 뜻의 to 외에 아주 많이 쓰이는 to가 또 있어요. 바로 '~에, ~로'라는 뜻의 전치사 to예요.

❶ **I want to call you.**
나는 너에게 전화하는 것을 원한다.
➜ '~는 것'이라는 뜻의 to (to부정사의 명사적 용법)

❷ **I went to see you.**
나는 너를 보기 위해서 갔다.
➜ '~하기 위하여'라는 뜻의 to (to부정사의 부사적 용법)

❸ **I went to the movie theater.**
나는 영화관에 갔다.
➜ '~에, ~로'라는 뜻의 전치사 to

이 세 가지 종류의 to가 대표적으로 많이 쓰이는 to예요. 그 외에 '형용사적 용법'도 있는데, 이것은 위 세 가지 to에 익숙해진 다음에 뒤에서 설명할게요.

2 세 가지 to를 한 문장에 모두 사용하기

만약에 세 가지 종류의 to를 한 문장에 모두 사용하면 어떻게 될까요? 당연히 문장이 길어지고 내용을 자세히 전달할 수 있겠지요. 또 문장의 수준도 높아집니다. 같이 만들어 볼까요?

❶ **We decided.**
우리는 결정했다.

❷ **We decided to visit Death Valley.**
　　　　　　　～는 것
우리는 Death Valley를 방문하기로(방문하는 것을) 결정했다.

❸ We decided **to** visit Death Valley **to** experience the high temperature.
　　　　　　～는 것　　　　　　　　～하기 위하여

　우리는 높은 온도를 경험해 보기 위해서 Death Valley를 방문하기로 결정했다.

❹ We decided **to** visit Death Valley **to** experience the high temperature
　　　　　　～는 것　　　　　　　　～하기 위하여

on the way to Las Vegas.
　　　　　～에

　우리는 라스베가스에 가는 길에 높은 온도를 경험해 보기 위해서 Death Valley를 방문하기로 결정했다.

❷번에서는 '～는 것'의 to만 사용됐고, ❸번에서는 '～하기 위하여'의 to가 추가됐어요. 또 ❹번에서는 '～로'의 to가 덧붙여졌어요. 이렇게 세 가지 종류의 to를 한 문장에 사용했더니 아주 길고 자세한 문장이 만들어졌어요. to가 덧붙여질 때마다 글의 수준이 점점 높아지는 것을 알 수 있어요. 앞으로 이렇게 길고 수준 높은 문장을 만들고 싶으면 세 가지 종류의 to를 모두 사용해 보세요. 위 문장을 대표로 외워두면 앞으로 to를 사용하는 데 훨씬 자신감을 갖게 될 거예요.

③ 세 가지 to로 문장 길이 늘이기

다음을 같이 영작하면서 여러 종류의 to를 어떻게 섞어서 사용하면 되는지 좀 더 살펴보도록 해요.

❶ 나는 좋아했다.
　I liked.

❷ 나는 가는 것을 좋아했다.
　I liked **to go**.
　　　　　～는 것

❸ 나는 디즈니랜드에 가는 것을 좋아했다.
　I liked **to** go **to Disneyland**.
　　　　　～는 것　　～에

❹ 나는 불꽃놀이를 보기 위해서 디즈니랜드에 가는 것을 좋아했다.
　I liked **to** go **to** Disneyland **to see the fireworks**.
　　　　　～는 것　　～에　　　　　　　～하기 위하여

세 가지 종류의 to를 하나씩 추가할 때마다 문장이 점점 길어졌어요. 이렇게 최소 단위부터 시작해서 필요한 말을 붙이는 식으로 단계를 밟아 가면 영작이 훨씬 쉬워집니다.

❺ 우리는 노력했다.
   We tried.

❻ 우리는 공부하는 것을(공부하려고) 노력했다.
   We tried **to study**.
           ~는 것

❼ 우리는 영어를 공부하려고 노력했다.
   We tried **to** study **English**.
           ~는 것

❽ 우리는 시험을 보기 위해서 영어를 공부하려고 노력했다.
   We tried **to** study English **to take the test**.
           ~는 것   ~하기 위해서

위 문장에서는 두 가지 종류의 to (~는 것, ~하기 위해서)를 사용했어요. 이렇게 상황에 따라 필요한 두 가지의 to를 조합해서 사용해도 됩니다.

❾ 그는 동의했다.
   He agreed.

❿ 그는 오는 것을(오는 데) 동의했다.
   He agreed **to come**.
             ~는 것

⓫ 그는 그 회의에 오는 데 동의했다.
   He agreed **to** come **to the meeting**.
             ~는 것   ~에

⓬ 그는 우리를 돕기 위해서 그 회의에 오는 데 동의했다.
   He agreed **to** come **to** the meeting **to help us**.
             ~는 것   ~에   ~하기 위해서

세 가지 종류의 to를 어떻게 조합해서 사용하면 되는지 이제 확실히 감이 오죠? 앞으로 영어로 된 글을 읽다가 to를 보면 이 세 가지 중의 하나일 가능성이 높으므로 어떤 to인지 구별해 보고, 머릿속에 이 개념을 잘 정리해서 여러분의 영어 실력을 한 단계 업그레이드해 보세요.

④ to부정사의 형용사적 용법

형용사는 명사를 꾸며 주는 단어를 말합니다. 우리말처럼 명사 앞에 형용사를 쓰기만 하면 돼요.

❶ food 음식 → **good** food 좋은 음식
❷ words 단어들 → **important** words 중요한 단어들
❸ homework 숙제 → **easy** homework 쉬운 숙제

to부정사를 형용사처럼 쓸 수 있어요. to부정사는 명사 뒤에 쓴다는 점만 기억하면 돼요.

❹ food 음식 → food **to eat** 먹을 음식
❺ words 단어들 → words **to memorize** 외울 단어들
❻ homework 숙제 → homework **to do** 해야 할 숙제

이렇게 to부정사가 형용사처럼 쓰이는 것을 '**to부정사의 형용사적 용법**'이라고 해요. 이제 to부정사의 형용사적 용법이 들어간 다음 문장을 해석할 수 있을 거예요.

❼ We have **good** food **to eat**.
  우리는 먹을(먹기에) 좋은 음식을 가지고 있어요.

❽ These are **important** words **to memorize**.
  이것들은 외울 중요한 단어들이에요.

❾ My teacher gave **easy** homework **to do**.
  우리 선생님은 해야 할 쉬운 숙제를 내 주셨어요.

위 예문들을 보면, '**형용사 + 명사 + to부정사**'의 순서로 쓸 수 있어요. 이렇게 형용사와 to부정사를 동시에 사용하면 명사에 대해 보다 자세히 설명할 수 있습니다. 앞으로는 to부정사를 형용사적 용법으로도 자주 사용해 보세요.

개념 정리 Quiz

1 영어에서 대표적으로 많이 사용되는 세 가지 종류의 to와 그 뜻을 쓰세요.

　(1) _____

　(2) _____

　(3) _____

2 다음 각 문장에서 밑줄 친 to의 종류를 쓰세요.

　(1) I am going to you.　　　　　_____

　(2) I decided to go to you.　　　_____

　(3) I took a taxi to go to you.　 _____

3 밑줄 친 부분의 뜻을 쓰세요.

　(1) I planned ①to meet her ②to show this picture on the way
　　　　　　　 (　　　)　　　(　　　　)
　　③to your house.
　　(　　　　　　)

　(2) I ran ①to the bus stop because I didn't want ②to miss the bus
　　　　　 (　　　　　)　　　　　　　　　　　　 (　　　　)
　　③in order to go ④to my workplace.
　　(　　　　) (　　　　　　)

4 다음 중 to를 in order to로 바꿔 쓸 수 있는 문장을 고르세요.

　① We started to work together.

　② Someone wants to see you.

　③ I sent it to you.

　④ I set an alarm clock to wake up early.

* on the way to ~로 가는 길에　miss 놓치다　workplace 직장　alarm clock 알람 시계

Practice

A to를 찾아서 밑줄을 치고, to의 쓰임에 주의하면서 문장을 해석하세요.

1 You deserve to receive the prize.

　* deserve to ~할 자격이 있다
　receive 받다

→ _____

2 People stopped to smoke outside a building.

→ _____

3 To pass the test, you need to memorize these words.

　* pass 통과하다

→ _____

4 She hesitated to tell the truth to the public.

　* hesitate 망설이다
　truth 진실 public 대중

→ _____

5 He promised to wait here to give the key to me.

→ _____

B 올바른 to를 이용해서 다음을 영어로 옮기세요.

6 우리는 들어가기 위해 줄을 서서 기다리고 있었다. (enter)

→ We were waiting in line _____.

7 식사를 주문하기 위해 너는 번호표를 받아야 해. (order a meal, take a number)

→ _____, you need _____.

8 나는 사과하기 위해서 나의 옛 친구에게 편지를 보냈다. (my old friend, apologize)

→ I sent a letter _____.

9 우리를 돕기 위해서, 그들은 금요일 오후에 오는 데 동의했다. (help, come)

→ _____ us, they agreed _____ on Friday afternoon.

10 너 뭐 먹을 것 좀 가지고 있니? (anything, eat)

→ Do you have _____?

LESSON 05 • 51

C 세 가지 to를 이용해서 단계별로 영작해 보세요.

11 (1) 나는 약속했다. (promise)

→ _____

(2) 나는 갈 것을 약속했다. (go)

→ _____

(3) 나는 체육관에 갈 것을 약속했다. (gym)

→ _____

(4) 나는 그녀와 함께 체육관에 갈 것을 약속했다. (her)

→ _____

(5) 나는 운동하기 위해서 그녀와 함께 체육관에 갈 것을 약속했다. (exercise)

→ _____

12 (1) 많은 사람들이 희망한다. (hope)

→ _____

(2) 많은 사람들이 가기를 희망한다. (go)

→ _____

(3) 많은 사람들이 대학교에 가기를 희망한다. (university)

→ _____

(4) 많은 사람들이 더 많이 공부하기 위해서 대학교에 가기를 희망한다. (study more)

→ _____

13 (1) 그녀는 기억했다. (remember)

→ _____

(2) 그녀는 보내는 것을 기억했다. (send)

→ _____

(3) 그녀는 편지를 보내는 것을 기억했다. (letter)

→ _____

(4) 그녀는 학교에 편지를 보내는 것을 기억했다. (school)

→ _____

(5) 그녀는 요청하기 위해서 학교에 편지를 보내는 것을 기억했다. (request)

→ _____

(6) 그녀는 신청서를 요청하기 위해서 학교에 편지를 보내는 것을 기억했다. (the application form)

→ _____

생활 속의 to

이번 Lesson에서는 to부정사가 들어간 생활영어 표현 중 사용 빈도가 높은 문장들을 다룹니다. 모두 외워 두면 필요할 때 바로바로 사용할 수 있을 거예요.

1 '~는 것'의 to가 들어간 생활영어

'~는 것'이라는 뜻의 to부정사는 문장의 명사 자리에 쓰이는데, 특히 목적어 자리에 쓰일 때가 많아요. to부정사를 목적어로 쓴 예문들을 익혀 봐요.

❶ I **want to buy** batteries.
나는 배터리 사는 것을 원한다. (나는 배터리를 사고 싶다.)

❷ You **need to order** something.
너는 뭔가를 주문할 필요가 있다.

❶번에서 want(원하다)의 목적어로 to buy(사는 것)가 쓰였고, ❷번에서 need(필요하다)의 목적어로 to order(주문하는 것)가 쓰였어요. 두 군데 모두 to가 '~는 것'이라는 뜻이에요.

❸ Don't **pretend to understand**!
이해하는 척하지 마!

❹ Don't **pretend not to understand**!
이해 못하는 척하지 마!

pretend(~하는 척하다)의 목적어로 to understand(이해하는 것)가 쓰였어요. Don't pretend to know.(아는 척하지 마.) 또는 Don't pretend not to know.(모르는 척하지 마.)와 같이 응용할 수 있어요.

❺ We **decided to go** to the Armenian restaurant.
우리는 아르메니아 식당에 가기로 결정했다.

❻ You **promised to meet** me at 7.
너는 나와 7시에 만나기로 약속했잖아.

decide(결정하다)의 목적어로 to go(가는 것)가 쓰였고, promise(약속하다)의 목적어로 to meet(만나는 것)이 쓰였어요.

> ❼ I **hesitated to answer**.
> 나는 대답하는 것을 망설였다.
>
> ❽ You should **remember to pay** before the due date.
> 너는 만기일 전에 지불하는 것을 기억해야 한다.   * due date 만기일

hesitate(망설이다)의 목적어로 to answer(대답하는 것)가 쓰였고, remember(기억하다)의 목적어로 to pay(지불하는 것)가 쓰였어요.

> ❾ I **prepared to leave** for the day.
> 나는 그날을 위해 떠나는 것을 준비했다. (나는 퇴근할 준비를 했다.)
>
> ❿ I **love to go** there.
> 나는 거기에 가는 것을 아주 좋아한다.

leave for the day는 '퇴근하다'라는 뜻의 숙어예요. to leave(떠나는 것)가 prepare(준비하다)의 목적어로 쓰였어요. ❿번 문장은 I like to go there.보다 강조한 표현이에요.

> ⓫ She **asked** me **to go out**.
> 그녀가 나에게 데이트하는 것을 요청했다. (그녀가 나에게 데이트 신청을 했다.)
>
> ⓬ We were **planning to have** a party.
> 우리는 파티를 여는 것을 계획 중이었다.

go out은 '밖에 나가다, 외출하다'라는 뜻도 있지만 '데이트하다'라는 뜻으로도 쓰여요. ⓫번에서 to go out은 '데이트하는 것'이라는 의미예요. ⓬번에서는 plan(계획하다)의 목적어로 to have a party(파티하는 것)가 쓰였으므로, 여기서도 to는 '~는 것'이라는 뜻이에요.

> ⓭ I **hope to see** you soon.
> 나는 곧 너를 보기를 바란다.
>
> ⓮ I **forgot to call** her.
> 나는 그녀에게 전화하는 것을 잊어버렸어.

hope(바라다)의 목적어로 to see(보는 것)가 쓰였고, forgot(잊어버렸다)의 목적어로 to call(전화하는 것)이 쓰였어요.

> ⑮ Do you **want to go** to the restaurant?
> 너는 그 식당에 **가기를** 원해? (너는 그 식당에 가고 싶어?)
>
> ⑯ What do you **want to have/eat**?
> 넌 뭘 **먹기를** 원해? (넌 뭘 먹고 싶어?)

⑮번의 Do you want to go to...?는 '너 ~에 가고 싶어?'라는 뜻으로 정말 많이 쓰이는 표현이에요. 뒤에 the park(공원), the movie theater(극장) 등을 붙여서 자주 사용해 보세요. 여기에서 want 뒤에 나오는 to는 '~는 것'이라는 뜻의 to부정사이고, the restaurant 앞에 쓰인 to는 '~에'라는 뜻의 전치사인 것 눈치채셨죠?
상대방에게 뭘 먹고 싶은지 물어볼 때는 ⑯번처럼 물어보세요. want to have(먹는 것을 원하다) 또는 want to eat(먹는 것을 원하다)를 사용하면 돼요.

> ⑰ I would **like to ask** a few things.
> 저는 몇 가지 **여쭤보기를** 원합니다. (저는 몇 가지 여쭤보고 싶어요.)

I would like...은 '나는 ~을 원하다'라는 뜻으로 I want...보다 공손한 표현이에요. would like의 목적어로 to ask(물어보는 것)가 금방 눈에 들어오죠? 참고로 a few things는 '서너 개 정도'라고 보면 돼요.

② '~하기 위해서'의 to가 들어간 생활영어

> ❶ People waited **to see** Leonardo Dicaprio.
> = People waited **in order to see** Leonardo Dicaprio.
> 사람들은 Leonardo Dicaprio를 **보기 위해서** 기다렸다.

여기에서 to see는 '보기 위해서'라는 뜻이에요. 따라서 to see를 in order to see라고 바꿔 써도 돼요.

> ❷ I studied so hard **in order to get** a scholarship. ○ Formal, 강조의 의미
> = I studied so hard **to get** a scholarship. ○ Casual, 평상시
> 나는 장학금을 **받기 위해서** 아주 열심히 공부했다.

in order to get a scholarship은 '장학금을 받기 위해서'라는 뜻인데 in order to를 모두 썼으므로 강조한 표현이에요. 강조하고 싶지 않다면 간단히 to get a scholarship이라고 하면 돼요.

❸ **In order to get** there early, I drove (for) 9 hours a day.
= **To get** there early, I drove (for) 9 hours a day.
거기에 일찍 **도착하기 위해서** 나는 하루에 아홉 시간을 운전했다.

❹ I went out **in order to see** what was happening.
= I went out **to see** what was happening.
나는 무슨 일이 일어나고 있는지 **보기 위해서** 밖으로 나갔다.

in order to get there early는 '거기에 일찍 도착하기 위해서'를 강조해서 말한 거예요. 강조하고 싶지 않다면 간단히 to get there early라고 하면 됩니다. 마찬가지로 in order to see(보기 위해서) 대신 간단히 to see라고 할 수 있어요.

❺ Well, I came here **in order to apologize**.
= Well, I came here **to apologize**.
저, **사과하려고** 왔습니다.

❻ You need to find a place **in order to relax**.
= You need to find a place **to relax**.
너는 **쉬기 위해서** 장소를 찾을 필요가 있다. (너는 쉴 곳을 찾아야겠다.)

in order to apologize(사과하기 위해서) 대신 간단히 to apologize라고 해도 되고, in order to relax(쉬기 위해서) 대신 간단히 to relax라고 해도 돼요.

❼ I need your number **in order to keep in touch** with you.
= I need your number **to keep in touch** with you.
나는 너와 **연락하기 위해서** 네 전화번호가 필요해.

* keep in touch 연락하다

keep in touch는 '계속 연락하고 지내다'라는 뜻의 숙어예요. 그래서 in order to keep in touch는 '계속 연락하고 지내기 위해서'를 강조해서 말한 겁니다. 강조하고 싶지 않다면 간단히 to keep in touch라고 하면 돼요.

③ to부정사의 부정

'~는 것'이라는 뜻의 to부정사를 '~하지 않는 것'이라는 부정의 뜻으로 바꾸려면 to부정사 바로 앞에 **not**을 붙이기만 하면 됩니다.

> ❶ She promised **to** call him. 그녀는 그에게 전화하기로 약속했다.
> → She promised **not to** call him. 그녀는 그에게 전화하지 않기로 약속했다.
>
> ❷ Don't pretend **to** understand. 이해하는 척하지 마.
> → Don't pretend **not to** understand. 이해 못하는 척하지 마.
>
> ❸ I advised him **to** invite her. 나는 그에게 그녀를 초대할 것을 조언했다.
> → I advised him **not to** invite her. 나는 그에게 그녀를 초대하지 말 것을 조언했다.

④ to부정사를 취하는 형용사

glad, happy, surprised 등 감정이나 상태를 나타내는 형용사 뒤에는 to부정사를 쓸 수 있어요.

> ❶ I am **glad to see** you. 나는 너를 만나게 되어서 기쁘다.
> ❷ She is **happy to hear** the news. 그녀는 그 소식을 듣고 행복해 한다.
> ❸ They are **ready to go**. 그들은 갈 준비가 되었다.

다음은 to부정사를 취하는 형용사들입니다. 모두 통째로 외워 두세요.

be glad to	~해서 기쁘다	be proud to	~해서 자랑스럽다
be happy to	~해서 행복하다	be willing to	기꺼이 ~하다
be pleased to	~해서 기쁘다	be careful to	~하는 것을 조심하다
be relieved to	~해서 다행이다	be motivated to	~하도록 동기부여되다
be lucky to	~해서 운이 좋다	be ready to	~할 준비가 되다
be fortunate to	~해서 행운이다	be prepared to	~할 준비가 되다
be amazed to	~해서 놀랍다	be eager to	~하기를 열망하다

be sorry to	~해서 미안하다	be hesitant to	~하는 것을 망설이다
be sad to	~해서 슬프다	be reluctant to	~을 마지못해서 하다
be upset to	~해서 화가 나다	be afraid to	~하는 것을 두려워하다
be disappointed to	~해서 실망하다	be anxious to	~하는 것을 불안해하다
be surprised to	~해서 놀라다		
be shocked to	~해서 놀라다 (be surprised to보다 강함)		
be astonished to	~해서 놀라다 (be shocked to보다 강함)		
be stunned to	~해서 놀라다 (be astonished to보다 강함)		

5 too + 형용사 + to부정사

〈too+형용사+to부정사〉는 '~하기에 너무 ~하다', 즉 '너무 ~해서 ~할 수 없다'라는 뜻이에요. '~할 수 없다'는 우리말 때문에 부정어 not을 넣어야 할 것 같지만, too(너무) 안에 이미 not의 의미가 포함되어 있으므로 반복해서 not을 쓰지 않도록 주의하세요.

❶ You are **too** good for me **to** marry.   ○ 부정의 뉘앙스
   너는 내가 결혼하기에는 너무 과분하다. (너는 너무 잘나서 내가 결혼할 수 없다.)

❷ You are **very** good for me **to** marry.   ○ 긍정의 뉘앙스
   너는 내가 결혼하기에 아주 좋다.

❸ This is **too** heavy for me **to** lift.   ○ 부정의 뉘앙스
   이것은 내가 들어올리기에는 너무 무겁다. (이것은 너무 무거워서 내가 들어올릴 수 없다.)

❹ This is **very** heavy for me **to** lift.   ○ 긍정의 뉘앙스
   이것은 내가 들어올리기에 매우 무겁다.

영어에 to가 없었다면 지금까지 다룬 문장들을 구사할 수 없었을 거예요. 이렇게 to는 하루에도 수십 번, 수백 번씩 쓰게 되는 표현이에요. 여러분이 문법을 배웠으면 그것을 이용해서 말하고 글을 쓸 수 있어야겠죠. 오늘 배운 문장들을 꼭 써보도록 하세요.

개념 정리 Quiz

1 to의 쓰임이 다른 것을 고르세요.

① To start now is a good idea.

② I agree to start now.

③ To start now, she raises her hand.

④ Everyone wants to start now.

2 다음을 영어로 가장 잘 옮긴 것을 고르세요.

> 나는 늦지 않겠다고 약속했다.

① I promised to be late not.

② I promised to not be late.

③ I promised not to be late.

④ I didn't promise to be late.

3 다음을 영어로 가장 잘 옮긴 것을 고르세요.

> 그 시험은 너무 어려워서 한 시간 안에 끝마칠 수 없었다.

① The test was very difficult to finish in an hour.

② The test was too difficult to finish in an hour.

③ The test was not very difficult to finish in an hour.

④ The test was not too difficult to finish in an hour.

4 둘 중 알맞은 것을 고르세요.

(1) I'm surprised (to hear that / hearing that).

(2) I am lucky (seeing you / to see you).

(3) I am willing (to help you / helping you).

* raise 올리다

Practice

A to를 찾아서 밑줄을 치고, to의 쓰임에 주의하면서 문장을 해석하세요.

1. Don't pretend not to know!
   → _____

2. You should remember to lock the door. *lock 잠그다
   → _____

3. I told him not to do it.
   → _____

4. The place is too big to see in a day.
   → _____

5. I need your number in order to keep in touch with you. *keep in touch 연락하다
   → _____

B 내용상 적절한 to를 이용해서 다음을 영어로 옮기세요.

6. 그는 나를 도와주기로 약속했어. (promised, help)
   → _____

7. 나는 거기에 가는 것을 좋아해. (love, there)
   → _____

8. 그것은 사기에는 너무 비싸다. (expensive, buy)
   → _____

9. 그는 나에게 거기에 가지 말라고 말했어. (told, go)
   → _____

10. 늦게 전화해서 미안해요. (sorry, call, late)
    → _____

C to를 이용해서 다음을 영어로 옮기세요.

11 나는 대답하는 것을 망설였다. (hesitated, answer)
→ _____

12 나는 그녀에게 전화하는 것을 잊어버렸다. (forgot, call)
→ _____

13 저는 사과하려고 여기에 왔습니다. (came, apologize)
→ _____

14 그녀는 그에게 전화하지 않겠다고 약속했다. (promised, call)
→ _____

15 너는 만기일 전에 지불하는 것을 기억해야 한다. (remember, pay, the due date)
→ _____

16 우리는 아르메니아 식당에 가기로 결정했다. (decided, Armenian restaurant)
→ _____

17 거기에 일찍 도착하기 위해서 나는 하루에 아홉 시간을 운전했다. (get there, early, drove)
→ _____

18 나는 배터리를 사고 싶다. (buy, batteries)
→ _____

19 너는 뭔가를 주문할 필요가 있다. (order, something)
→ _____

20 이해 못한 척하지 마! (pretend, understand)
→ _____

21 나는 무슨 일이 일어나고 있는지를 보기 위해서 밖으로 나갔다. (went out, see, happen)

→ _____

22 그녀가 나에게 데이트 신청을 했다. (asked, go out)

→ _____

23 너는 나와 7시에 만나기로 약속했잖아. (promised, meet)

→ _____

24 우리는 파티를 여는 것을 계획 중이었다. (were planning, have a party)

→ _____

25 나는 장학금을 받기 위해서 아주 열심히 공부했다. (study, hard, get a scholarship)

→ _____

26 나는 그에게 그녀를 초대하지 말 것을 조언했다. (advised, invite)

→ _____

27 너는 내가 결혼하기에 너무 과분하다. (good, marry)

→ _____

28 저는 몇 가지 여쭤보고 싶어요. (would like, ask, a few things)

→ _____

29 이것은 너무 무거워서 내가 들어 올릴 수 없다. (heavy, lift)

→ _____

30 나는 여기에 자주 오기 위해 일년 정기권을 샀다. (boutght, an annual ticket, come, often)

→ _____

Study More

to부정사를 목적어로 취하는 동사

decide to(~하는 것을 결정하다), promise to(~하기로 약속하다)처럼 decide, promise 뒤에는 '~하는 것'이라는 뜻의 to부정사가 목적어로 사용됩니다. 이렇게 to부정사를 목적어로 취하는 동사들 중 자주 사용되는 것을 모았습니다. 동사와 to를 묶어서 암기해 두면 필요할 때 바로바로 꺼내서 사용할 수 있어요.

- **afford to** ~할 여유가[여력이] 있다
- **agree to** ~하는 데 동의하다
- **pretend to** ~인 척하다
- **seem to** ~인 것 같다
- **deserve to** ~할 자격이 있다
- **arrange to** ~하기로 처리[주선]하다
- **refuse to** ~하기를 거부하다
- **choose to** ~하는 것을 선택하다
- **care to** ~하고 싶다
- **attempt to** ~하려고 시도하다
- **happen to** 우연히[마침] ~하다
- **tend to** ~하는 경향이 있다
- **try to** ~하려고 노력하다
- **decide to** ~하기로 결정하다
- **plan to** ~할 계획이다
- **offer to** ~하겠다고 제의하다
- **beg to** ~해 달라고 간청하다
- **wait to** ~하는 것을 기다리다
- **remember to** ~할 것을 기억하다, 잊지 않고 ~하다

- **hesitate to** ~하기를 망설이다
- **swear to** ~할 것을 맹세하다
- **ask to** ~할 것을 요청하다
- **struggle to** ~하느라 애쓰다[고군분투하다]
- **learn to** ~하는 것을 배우다
- **hope to** (가능성이 있는 일에 대해) ~하기를 바라다
- **wish to** (가능성이 낮은 일에 대해) ~하기를 바라다
- **fail to** ~하는 것을 실패하다
- **promise to** ~할 것을 약속하다
- **expect to** ~할 것을 기대하다
- **claim to** ~할 것을/~이라고 주장하다
- **demand to** ~할 것을 (약간 부담스럽게) 요구하다
- **want to** ~하는 것을 원하다
- **mean to** ~하는 것을 의도하다[뜻하다]
- **manage to** ~하는 것을 간신히[용케] 해 내다
- **forget to** ~하는 것을 잊어버리다
- **volunteer to** 자진해서 ~하다
- **prepare to** ~할 준비를 하다
- **need to** ~할 필요가 있다
- **threaten to** ~할 거라고 위협하다[겁주다]
- **regret to** ~하게 되어 유감이다
- **rush to** 서둘러서 ~하다

● 모두 외웠나요? 그럼 이제 우리말을 보고 영어로 써 보세요.

1   ~할 것을 맹세하다   _____

2   ~하기로 결정하다   _____

3   ~할 계획이다   _____

4   ~할 준비를 하다   _____

5   ~할 필요가 있다   _____

6   (가능성이 낮은 일에 대해) ~하기를 바라다   _____

7   ~하고 싶다   _____

8   ~하려고 시도하다   _____

9   ~하는 것을 기다리다   _____

10   ~하는 경향이 있다   _____

11   ~하겠다고 제의하다   _____

12   ~인 척하다   _____

13   ~해 달라고 간청하다   _____

14   ~할 것을 기억하다   _____

15   ~하기로 처리[주선]하다   _____

16   ~하기를 거부하다   _____

17   ~할 것을 약속하다   _____

18   ~하게 되어 유감이다   _____

19   ~인 것 같다   _____

20   ~하느라 애쓰다[고군분투하다]   _____

21   ~하는 것을 배우다   _____

22   ~할 자격이 있다   _____

23   ~하기를 망설이다   _____

24 ~할 것을 기대하다 _____

25 ~할 거라고 위협하다[겁주다] _____

26 ~하는 것을 실패하다 _____

27 서둘러서 ~하다 _____

28 우연히[마침] ~하다 _____

29 (가능성이 있는 일에 대해) ~하기를 바라다 _____

30 ~하는 것을 선택하다 _____

31 ~하는 데 동의하다 _____

32 ~할 것을/~이라고 주장하다 _____

33 ~하는 것을 의도하다[뜻하다] _____

34 ~하는 것을 간신히[용케] 해내다 _____

35 ~할 것을 (약간 부담스럽게) 요구하다 _____

36 ~하는 것을 원하다 _____

37 ~하는 것을 잊어버리다 _____

38 자진해서 ~하다 _____

39 ~하려고 노력하다 _____

40 ~할 것을 요청하다 _____

41 ~할 여유가[여력이] 있다 _____

Study More

to부정사가 들어간 유용한 표현

- **cause somebody to** ~에게 ~할 원인을 제공하다
- **instruct somebody to** ~에게 ~하도록 지시하다
- **teach somebody to** ~에게 ~하는 방법을 가르치다
- **force somebody to** ~에게 ~하라고 강요하다
- **warn somebody to** ~에게 ~하도록 경고하다
- **hire somebody to** ~가 ~하도록 고용하다
- **challenge somebody to** ~에게 ~하자고 도전하다
- **tell somebody to** ~에게 ~하라고 말하다
- **order somebody to** ~에게 ~할 것을 명령[주문]하다
- **ask somebody to** ~에게 ~하도록 요청하다
- **persuade somebody to** ~에게 ~하도록 설득하다
- **expect somebody to** ~가 ~할 거라고 기대하다
- **encourage somebody to** ~에게 ~하라고 격려하다
- **want somebody to** ~가 ~하기를 원하다
- **advise somebody to** ~에게 ~하라고 조언[충고]하다
- **allow somebody to** ~가 ~하는 걸 허락하다
- **bother somebody to** ~가 ~하는 것을 방해하다

● 모두 외웠나요? 그럼 이제 우리말을 보고 영어로 써 보세요.

1   ~에게 ~하라고 강요하다   _____

2   ~에게 ~하라고 조언[충고]하다   _____

3   ~에게 ~하도록 경고하다   _____

4   ~가 ~하도록 고용하다   _____

5   ~에게 ~하자고 도전하다   _____

6   ~가 ~하는 걸 허락하다   _____

7   ~에게 ~할 원인을 제공하다   _____

8   ~에게 ~하도록 지시하다   _____

9   ~에게 ~하는 방법을 가르치다   _____

10 ~가 ~할 거라고 기대하다   _____

11 ~에게 ~하라고 격려하다   _____

12 ~에게 ~하라고 말하다   _____

13 ~에게 ~하도록 요청하다   _____

14 ~에게 ~할 것을 명령[주문]하다   _____

15 ~가 ~하기를 원하다   _____

16 ~가 ~하는 것을 방해하다   _____

17 ~에게 ~하도록 설득하다   _____

지각동사를 강조하는 이유

'지각동사'라는 용어가 어렵게 느껴지는 분들이 있을 거예요. 하지만 수많은 일반동사 중에서 왜 일부 동사만 지각동사로 분류한 것인지 그 배경을 알고 나면 앞으로는 쉽게 사용할 수 있을 겁니다.

1 생명 유지에 필수적인 동사

다음 동사 중에서 생명을 유지하는 데 있어서 필수적인 역할을 하는 동사는 무엇일까요?

| 놀다 | 밀다 | 오르다 | 보다 |

놀거나 밀거나 오르는 것에 비해 '보는 것'이 더 필수적인 기능이에요. 특히 동물의 세계에서는 보지 못하면 살아남기 어렵겠죠.

| 고치다 | 만나다 | 팔다 | 느끼다 |

이 중에서 생명 유지에 결정적인 역할을 하는 것은 '느끼다'예요. 몸에 뜨거운 것이 떨어졌는데 못 느낀다면 큰일 나겠죠.

| 조정하다 | 만나다 | 바꾸다 | 듣다 |

동물의 세계를 생각해 보세요. 토끼가 사자 다가오는 소리를 듣지 못한다면 생명을 유지하기 힘들겠죠. 따라서 위 동사 중에서는 '듣다'가 가장 중요해요.

| 만들다 | 이끌다 | 사랑하다 | 냄새 맡다 |

사랑하는 것도 중요하지만, 생명 유지를 위해 결정적으로 필요한 것은 '냄새 맡다'예요. 동물들이 냄새를 못 맡는다면 야생에서 살아남지 못할 거예요.

② 지각하게 해주는 '지각동사'

다음은 생명을 유지하는 데 결정적인 역할을 하는 동사들이에요.

> see 보다　　hear 듣다　　feel 느끼다　　smell 냄새 맡다

주변에서 일어나는 일을 알아채고 지각하게 해준다는 의미에서 이 동사들을 **'지각동사'**라고 불러요. 수많은 일반동사 중에서 4개를 뽑아서 지각동사로 따로 분류해 놓았다는 것은 이 동사들이 그만큼 중요하다는 의미예요. 즉, 이 동사들은 문장 속에서 특이하게 사용된다는 뜻이지요.

③ 영어에서 특별 취급을 하는 방법

지각동사를 특별 취급하는 법을 알아보기 전에, 영어는 강조하거나 특별 취급을 할 때 어떤 방법을 쓰는지 먼저 알아봐요.

(1) 강조하고 싶은 것을 문장 앞쪽으로 보낸다.

> ❶ Two Cokes, please.　　◐ 숫자를 강조하기 위해 two를 문장 맨 앞에 썼음
>
> ❷ Will you...?　　◐ 문법을 강조하기 위해 의문문임을 알려주는 Will you...?를 맨 앞에 썼음
>
> ❸ You are not a bad person for us.
> 　　◐ 부정문임을 강조하기 위해 부정어 not을 a bad person 앞에 썼음

우리말에서는 '콜라 두 잔'과 같이 숫자를 뒤에 말하지만 영어는 숫자를 중요시 여기기 때문에 two를 Cokes 앞에 써요. 또 영어는 문법을 중요하게 여기므로 내용보다 문법을 알려주는 단어가 주로 앞 쪽에 옵니다.

(2) 틀린 문법을 사용해서 눈에 띄게 한다.

문법의 정확성을 생명처럼 여기는 영어에서 문법을 틀린다면 당연히 눈에 띄겠죠. 다음 예를 살펴보세요.

> ❶ ~~You should~~ study. 너는 공부해야 해.
> → Study! 공부해!　　◐ 주어를 생략해서 문법 틀리기(명령문)

❷ ~~You should~~ come here on time. 너는 여기에 제시간에 와야 해.
→ Come here on time! 제시간에 여기에 와! ○ 주어를 생략해서 문법 틀리기(명령문)

❸ ~~You~~ call him. 너는 그에게 전화해.
→ Call him! 그에게 전화해! ○ 주어를 생략해서 문법 틀리기(명령문)

You should나 You를 생략해 버리면 문법적으로 필요한 주어가 없으므로 당연히 틀린 문장이 됩니다. 주어를 생략하고 바로 동사로 시작하는데, 이것을 우리는 **'명령문'**이라고 하지요. 사실 명령문은 문법을 틀려서 강조하는 대표적인 케이스라고 할 수 있어요.

❹ If I **were** a bird... 내가 새라면 (가정법 과거 – 불가능한 소원)
❺ If I **were** you... 내가 너라면 (가정법 과거 – 불가능한 소원)

I 뒤에는 am이나 was를 써야 하죠. 그런데 내가 새가 되거나 상대방이 되는 것은 불가능한 일이기 때문에 불가능하다는 것을 강조하기 위해서 일부러 틀린 문법인 were를 사용한 거예요. I 뒤에 were를 쓰면 틀린 문법이므로 당연히 눈에 띄겠죠. 가정법에서 I 뒤에 were를 쓸 때가 있는데 그 이유는 바로 눈에 띄게 해서 강조하기 위한 거예요.

④ 지각동사를 어떻게 특별 취급할까?

영어에서 뭔가를 강조하거나 특별 취급하기 위해 사용하는 방법에는 (1) 앞으로 보내기, (2) 틀린 문법 쓰기가 있어요. 그럼 지각동사는 그 중 어떤 방법을 사용할까요? 바로 문법을 틀리는 방법을 사용합니다.

나는 그가 운전하는 것을 본다.
I **see** him **to drive**.

'나는 그가 운전하는 것을 본다'라고 하려면 I see him(나는 그를 본다) 뒤에 '운전하는 것'이라는 뜻의 to drive를 붙여야 해요. 그런데 지각동사인 see가 있다는 것을 강조하기 위해서 문법적으로 틀린 방법을 사용합니다. 즉, 문법적으로 틀리기 위해 단어를 하나 생략하는 방법을 선택합니다. 그런데 문법은 틀리더라도 내용 전달에는 지장이 없어야 해요. 위 문장의 다섯 단어 중에서 생략해도 내용상 큰 지장이 없는 것은 무엇일까요? I, see, him, drive는 내용상 꼭 필요한 반면 to는 생략해도 내용상 큰 지장을 주지 않아요. 그래서 결국 to를 빼게 됩니다.

> I see him ~~to~~ drive.
> → I see him drive.
> 나는 그가 운전하는 것을 본다.

○ 지각동사 see를 강조하기 위해 to를 생략해서 눈에 띄게 함

왜 지각동사 뒤에는 to부정사가 아니라 동사원형을 쓰는지 이해가 되지요? 예를 좀 더 살펴볼게요.

> She heard him ~~to~~ sing.
> → She heard him sing.
> 그녀는 그가 노래하는 것을 들었다.

○ 지각동사 heard를 강조하기 위해 to를 생략해서 눈에 띄게 함

지각동사 heard가 사용됐다는 것을 강조하기 위해 to를 생략해요.

> We saw Jenny ~~to~~ run down the street.
> → We saw Jenny run down the street.
> 우리는 제니가 길을 따라 달려가는 것을 봤다.

○ 지각동사 saw를 강조하기 위해 to를 생략해서 눈에 띄게 함

지각동사 saw가 사용됐다는 것을 강조하기 위해 to를 생략해요.
결론적으로 '지각동사는 to부정사와 같이 쓰지 않는다', '지각동사는 항상 동사원형과 같이 쓴다'라고 말할 수 있어요. 그래서 지각동사는 〈지각동사+목적어+동사원형〉 형태로 쓰입니다.

⑤ 동명사 vs 현재분사

앞에서 동사원형 뒤에 -ing를 붙인 형태를 '동명사'라고 배웠어요. 그런데 이 형태는 '현재분사'이기도 해요. 둘의 차이점을 알아봐요.

> (1) **동명사**: 〈동사원형+-ing〉의 형태이고 '~는 것'이라는 뜻이다.
> push + -ing → pushing 미는 것
> pass + -ing → passing 지나가는 것
>
> (2) **현재분사**: 〈동사원형+-ing〉의 형태이고 '~하고 있는', '~하는'이라는 뜻이다.
> push + -ing → pushing 밀고 있는, 미는
> pass + -ing → passing 지나가고 있는, 지나가는

예문을 통해서 비교해 볼까요?

> ~는 것
> ❶ **Pushing** people on the stairs is dangerous. ◐ 동명사
> 계단에서 사람들을 **미는 것은** 위험하다.
>
> ~하는
> ❷ There are people **pushing** in the subway. ◐ 현재분사
> 지하철에는 **미는** 사람들이 있다. (미는 사람이 간혹 있다는 의미)
>
> ~하는
> ❸ There are **pushing** people in the subway. ◐ 현재분사
> 지하철에는 **미는** 사람들이 있다. (미는 사람이 늘 있다는 의미)

동명사와 현재분사 중 명사 앞뒤에 모두 쓸 수 있는 것은 현재분사예요. 현재분사는 진행의 의미를 전하면서 명사에 대해서 보충 설명해 주거든요.

⑥ 지각동사 뒤에 현재분사(-ing)를 쓰면?

지각동사를 특별 취급해 주기 위해 〈지각동사+목적어+동사원형〉의 형태를 쓴다고 했는데, 동사원형 자리에 현재분사를 쓸 수도 있어요. 그럴 경우 약간의 뉘앙스 차이가 있어요.

> ❶ I **saw** people **push** in the subway. ◐ 처음부터 끝까지 봄
> 나는 지하철에서 사람들이 **미는 것을** 보았다.
>
> ❷ I **saw** people **pushing** in the subway. ◐ 잠깐 봄
> 나는 지하철에서 사람들이 **밀고 있는 것을** 보았다.

❶번처럼 동사원형을 쓰면 처음부터 끝까지 봤다는 뉘앙스를 주고, ❷번처럼 현재분사를 쓰면 잠깐 봤다는 뉘앙스를 줘요.

> ❸ She **heard** him **sing**. ◐ 처음부터 끝까지 들음
> 그녀는 그가 **노래 부르는 것을** 들었다.
>
> ❹ She **heard** him **singing**. ◐ 잠깐 들음
> 그녀는 그가 **노래 부르고 있는 것을** 들었다.

❺ I **saw** them **drive**.　　　　　　　　　　○ 처음부터 끝까지 봄
　나는 그들이 운전하는 것을 보았다.

❻ I **saw** them **driving**.　　　　　　　　　○ 잠깐 봄
　나는 그들이 운전하고 있는 것을 보았다.

❼ We **saw** Jenny **run** down the street.　　○ 처음부터 끝까지 봄
　우리는 Jenny가 길을 따라 달리는 것을 보았다.

❽ We **saw** Jenny **running** down the street.　○ 잠깐 봄
　우리는 Jenny가 길을 따라 달리고 있는 것을 보았다.

〈지각동사+목적어〉 뒤에 **동사원형**이든 **현재분사**든 어느 것을 써도 맞으므로 뉘앙스만 구별해서 쓰면 됩니다.

개념 정리 Quiz

1. 다음 중 지각동사가 아닌 것을 고르세요.

   ① hear　　　　② smell　　　　③ make　　　　④ feel

2. 지각동사를 따로 구분하는 이유는 무엇인가요?

   ① 동사의 개수를 줄이기 위해서　　② 문법을 쉽게 하기 위해서
   ③ 강조하기 위해서　　　　　　　④ to를 쓰기 위해서

3. 빈칸에 알맞은 것을 쓰세요.

   > 지각동사를 강조하기 위해서 빼도 내용상 큰 지장을 주지 않는 _____을[를] 의도적으로 생략한다.

4. 다음 문장 중 문법이 올바른 것을 고르세요.

   ① My friend saw me sleep.
   ② I feel it mover.
   ③ I smelled it is burning.
   ④ I heard Jane to enter her room.

5. 다음 문장에서 틀린 부분을 찾아서 바르게 고치세요.

   (1) We saw him to hide something.

   → _____

   (2) I heard you to yell at someone.

   → _____

   (3) Everybody can smell something to burn here.

   → _____

* hide 숨기다　yell 소리지르다　burn 타다

Practice

A 지각동사와 그 뒤에 나오는 동사원형/현재분사를 찾아 밑줄을 치고, 문장을 해석하세요.

1 You will see me study in the library.
→ _____

2 I feel the building shaking.   *shake 흔들리다
→ _____

3 I heard someone call my name.   *someone 누군가
→ _____

4 Did you see me waiting for the bus?
→ _____

5 I smell the steak burning.   *burn 타다
→ _____

B 지각동사의 쓰임에 주의하며 다음을 영어로 옮기세요.

6 나는 네가 밤새도록 코 고는 것을 들었다. (snore, all night)
→ I heard _____.

7 나는 그 우유가 상한 것을 냄새 맡았다. (milk, go bad)
→ I smelled _____.

8 내가 그 문을 여는 것을 누가 봤어? (open)
→ Who saw _____?

9 너는 내가 방에서 노래하는 것을 들었어? (sing, room)
→ Did you hear _____?

10 그녀는 뭔가가 그녀의 등을 건드린 것을 느꼈다. (something, touch, back)
→ She felt _____.

LESSON 08 — 사역동사를 강조하는 이유

사역동사도 지각동사처럼 왜 그 동사들을 따로 분류하는 것인지, 강조하기 위해 어떤 방법을 쓰는지 이해하고 나면 쉽게 받아들이고 사용할 수 있습니다.

1. 영어권에서 노동을 보는 시각

영어권 사람들은 조상들이 한 일을 자신의 이름 속에 넣어요. Carpenter라는 이름은 '마차 바퀴를 고치는 목수'라는 뜻이고, Smith라는 이름은 '대장장이'라는 뜻이에요. 자신의 조상이 어떤 노동에 종사했는지 이름에 넣을 만큼 노동을 강조하고 중요하게 생각한다는 거죠.

Barber	이발사	Carpenter	목수
Shepherd	양치기	Shoemaker	신발 수선공
Cook	요리사	Butcher	정육점 주인, 도살업자
Smith	대장장이	Miller	방앗간 주인
Richard	힘 세고 용감한 사람	Cooper	술통 제조업자
Chapman	상인, 소상인	Ward, Edward	수위, 감시인
Steward	청지기, 집사	Butler	와인 저장 창고에서 일하는 사람
Weaver	베 짜는 사람	Walker	옷감을 밟아서 가공하는 사람

2. 노동에 관련된 동사

다음 중 일을 시키거나 노동에 관련된 동사를 찾아보세요.

play	climb	eat	make

make가 '만들다, 시키다'라는 뜻으로 노동에 관련된 동사예요. 다음 중에서도 일을 시키거나 노동에 관련된 된 동사를 찾아보세요.

meet	sleep	lend	have

have는 '가지다, 먹다'라는 뜻 외에 '시키다'라는 뜻이 있으므로 노동에 관련된 동사예요. 다음 중에서도 일을 시키거나 노동에 관련된 동사를 찾아보세요.

| say | answer | love | let |

let도 역시 '시키다, ~하게하다, 허락하다'라는 뜻이 있어서 노동에 관련된 동사예요.

③ 일을 시키는 '사역동사'

다음은 노동에 관련된 동사들이에요.

| make 만들다, 시키다 | have 시키다 | let 시키다, ~하게하다, 허락하다 |

영어를 사용하는 문화권에서는 노동에 관련된 이 동사들을 따로 분류해요. '노동'이라는 말보다 어감이 조금 부드러운 '사(使: 시키다) 역(役: 역할, 일)'이라는 말을 써서 '사역동사'라는 이름을 붙였어요.

④ 사역동사를 어떻게 특별 취급할까?

지각동사처럼 사역동사도 특별 취급을 해 주는데, 이번에는 어떤 방법을 쓸까요?

> 그녀는 그를 **가도록** 만들었다.
> She **made** him **to go**.

'그녀는 그를 가도록 만들었다'라고 하려면 She made him(그는 그를 만들었다) 뒤에 '가는 것'이라는 뜻의 to go를 붙이면 됩니다. 그런데 사역동사인 make가 있다는 것을 강조하기 위해서 문법적으로 틀린 방법을 사용합니다. 즉, 문법적으로 틀리기 위해 단어를 하나 생략하는 방법을 선택합니다. she, made, him, go는 내용상 꼭 필요한 반면 to는 생략해도 내용상 큰 지장을 주지 않아요. 그래서 결국 to를 빼게 됩니다.

> She **made** him ~~to~~ **go**. ○ 사역동사 make를 강조하기 위해 to를 생략해서 눈에 띄게 함
> → She **made** him **go**.
> 그녀는 그를 가도록 만들었다.

결론적으로 '사역동사는 to부정사와 같이 쓰지 않는다', '사역동사는 항상 동사원형과 같이 쓴다'라고 말할 수 있어요. 그래서 사역동사는 〈**사역동사＋목적어＋동사원형**〉 형태로 쓰입니다.

I have them ~~to~~ drive.
→ I have them **drive**.

○ 사역동사 have를 강조하기 위해 to를 생략해서 눈에 띄게 함

나는 그들을 운전하게 시킨다.

사역동사인 have가 사용됐다는 것을 강조하기 위해 to를 생략해요.

We **let** Jenny ~~to~~ **finish** her speech.
→ We **let** Jenny **finish** her speech.

○ 사역동사 let을 강조하기 위해 to를 생략해서 눈에 띄게 함

우리는 Jenny가 연설을 마치도록 놔두었다.

사역동사인 let이 사용됐다는 것을 강조하기 위해 to를 생략해요. 이렇게 일부러 문법을 틀리면 돼요.

⑤ 사역동사는 주종관계 뉘앙스

다음 예문에서 Jack과 Cindy 중 누구의 지위가 더 높을까요?

❶ Jack **made** Cindy **type** the paper.
   Jack은 Cindy에게 서류를 타이핑하도록 시켰다.

○ Jack의 지위가 더 높게 느껴짐

아무래도 일을 시키는 Jack이 더 지위가 높은 것 같죠. 다음 예문 속에서도 찾아보세요.

❷ Cindy **made** Jack **clean** the room.
   Cindy는 Jack에게 방을 청소하도록 시켰다.

○ Cindy의 지위가 더 높게 느껴짐

❸ I **had** the students **study** after class.
   나는 학생들에게 수업이 끝난 뒤에 공부하도록 시켰다.

○ I의 지위가 더 높게 느껴짐

❹ The students **had** us **stay** in the class.
   학생들은 우리를 교실에 머물도록 했다.

○ The students의 지위가 더 높게 느껴짐

❺ My father **let** me **drive**.
   우리 아버지는 내가 운전하게 해 주셨다.

○ My father의 지위가 더 높게 느껴짐

❻ I **let** Jim **use** the phone.
   나는 Jim이 전화기를 사용하도록 해 주었다.

○ I의 지위가 더 높게 느껴짐

이렇게 사역동사를 이용하면 누가 지위가 높은지 금방 알게 돼요. 즉, 주종관계가 느껴지는 거죠. 21세기 들어서 주종관계를 느끼게 하는 사역동사에 대한 거부감이 늘어나면서 그 사용빈도가 점점 줄고 있어요. 특히 make나 have는 사람들 사이에서는 사용을 자제하고, 동물, 기계, 인공지능에게 뭔가를 시킬 때 주로 사용돼요. 하지만 사람 사이에서도 상하관계가 엄격한 분위기나 다소 강압적인 상황에서는 사역동사를 쓸 수 있어요.

⑥ 사역동사를 대신하는 단어

주종관계의 느낌을 주는 사역동사를 대신하여 다음의 동사들이 사용되고 있어요.

make	시키다	→	**ask**	요청하다, 부탁하다
have	시키다	→	**ask**	요청하다, 부탁하다
let	시키다	→	**allow**	허락하다

make와 have 대신 주로 ask(요청하다)를 사용하고, let 대신 주로 allow(허락하다)를 사용해요. 이때 주의할 점이 있어요. ask나 allow는 사역동사가 아니기 때문에 뒤에 나오는 동사 앞에 to를 생략하지 않고 그대로 사용해요. 다음 문장들을 보면서 주종관계의 느낌이 어떻게 희석되는지 비교해 보세요.

❶ **Jack made Cindy type the paper.**
  Jack은 Cindy에게 서류를 타이핑하도록 시켰다.
→ **Jack asked Cindy to type the paper.**
  Jack은 Cindy에게 서류를 타이핑해 달라고 요청했다.

❷ **Cindy made Jack clean the room.**
  Cindy는 Jack에게 방을 청소하도록 시켰다.
→ **Cindy asked Jack to clean the room.**
  Cindy는 Jack에게 방을 청소하라고 요청했다.

❸ **I had the students study after class.**
  나는 학생들에게 수업이 끝난 뒤에 공부하도록 시켰다.
→ **I asked the students to study after class.**
  나는 학생들에게 수업이 끝난 뒤에 공부하라고 요청했다.

❹ **The students had us stay in the class.**
  학생들은 우리를 교실에 머물도록 했다.
→ **The students asked us to stay in the class.**
  학생들은 우리에게 교실에 머물러 달라고 요청했다.

❺ My father **let** me **drive**.
우리 아버지는 내가 운전하게 해 주셨다.

→ My father **allowed** me **to drive**.
우리 아버지는 내가 운전하도록 허락해 주셨다.

❻ I **let** Jim **use** the phone.
나는 Jim이 전화기를 사용하도록 해 주었다.

→ I **allowed** Jim **to use** the phone.
나는 Jim이 전화기를 사용하도록 허락해 주었다.

사역동사 대신 ask와 allow를 쓰니까 말투가 부드러워진 것이 느껴지죠?

⑦ help는 일반동사&사역동사

help는 일반동사로도 볼 수 있고 사역동사로도 볼 수 있어요. help를 사역동사로 볼 때는 뒤에 동사원형을 쓰고, 일반동사로 볼 때는 to부정사를 써요. 즉, 〈help+목적어+**동사원형**〉을 써도 되고, 〈help+목적어+**to부정사**〉를 써도 됩니다.

The teacher **helped** me **study** English. ○ help가 사역동사로 쓰였음
그 선생님은 내가 영어를 공부하도록 도와주셨다. (주로 정신적, 심리적 도움)

The teacher **helped** me **to study** English. ○ help가 일반동사로 쓰였음
그 선생님은 내가 영어를 공부하는 것을 도와주셨다. (주로 현장에서 함께하는 도움)

* 목적격 보어란?
위 문장에서 목적어 me가 무엇을 하는지 얘기해 주는 study 또는 to study는 '목적격 보어'입니다. '목적격 보어'는 목적어가 현재 하고 있는 활동 또는 앞으로 해야 할 일이 무엇인지 보충 설명하는 역할을 해요.

개념 정리 Quiz

1 다음 중 사역동사가 아닌 것을 고르세요.

① make   ② let   ③ order   ④ have

2 빈칸에 알맞은 것을 쓰세요.

(1) 사역동사를 강조하기 위해서 빼도 내용상 큰 지장을 주지 않는 _____을[를] 의도적으로 생략한다.

(2) 사역동사가 사람들 사이에 잘 쓰이지 않는 이유는 _____의 어감을 주기 때문이다.

3 각 사역동사의 강한 어감을 희석시키기 위해 사용할 수 있는 동사를 쓰세요.

(1) make → _____

(2) have → _____

(3) let → _____

4 둘 중 올바른 것을 고르세요.

(1) My boss made me (repeat / to repeat) the work.

(2) He asked me (clean / to clean) the floor.

(3) She lets me (enter / to enter) the room.

(4) I had him (think / to think) about the plan.

(5) Please allow me (explain / to explain).

5 사역동사를 사용한 다음 문장을 일반동사를 이용하여 바꿔 쓰세요.

(1) They <u>made</u> us walk slowly.

→ _____

(2) He <u>had</u> me read the report and find any mistakes.

→ _____

(3) The police officer <u>let</u> me pass this way.

→ _____

* repeat 반복하다   explain 설명하다   mistake 실수   pass 통과하다, 지나가다

Practice

A 사역동사와 그 뒤에 나오는 동사원형에 밑줄을 치고, 문장을 해석하세요.

1. Don't make me do this!
   → _____

2. Our boss will have us attend the meeting.   *boss 상사 attend 참석하다
   → _____

3. This ticket will let you enter.   *ticket 표 enter 들어가다
   → _____

4. You made me come again.
   → _____

5. Please let me know.
   → _____

B 사역동사의 쓰임에 주의하며 다음을 영어로 옮기세요.

6. 아무것도 우리를 멈추게 하지 못할 것이다. (stop)
   → Nothing will make _____.

7. 그는 내가 그 일을 서둘러 끝내도록 했다. (finish, hurriedly)
   → He had _____.

8. 그는 내게 그 일을 서둘러 끝낼 것을 요청했다. (finish, hurriedly)
   → He asked _____.

9. 우리 과장님은 내가 일찍 집에 가도록 해 주었다. (go, early)
   → My manager let _____.

10. 우리 과장님은 내가 일찍 집에 가는 것을 허락해 줬다. (go, early)
    → My manager allowed _____.

가주어 it을 쓰는 이유

가주어 it을 쓰는 이유는 무엇일까요? 왜 가주어를 쓰게 됐는지, 많은 단어 중에서 왜 하필 it을 가주어로 택했는지 그 배경을 알려드릴게요.

① to부정사 주어와 동명사 주어의 문제점

다음 문장에서 주어와 동사를 찾아보세요.

> **To find** the necessary tool for the work **is** important.
>   주어   동사
> 그 일을 위해 필요한 도구를 찾는 것이 중요하다.

is가 동사이므로 is 앞에 있는 밑줄 친 부분 전체가 주어예요. 주어가 무척 긴 문장이지요. 주어에 to부정사 대신 동명사를 넣어 보겠습니다.

> **Finding** the necessary tool for the work **is** important.
>   주어   동사

한 단어인 finding이 좀 더 간단하고 눈에 쏙 들어오는 장점이 있어요. 그런데 주어 전체의 길이를 놓고 보면 큰 변화가 없다는 것을 알 수 있어요. 영어는 문장의 시작을 알리는 주어가 가능한 한 짧고 눈에 잘 들어오는 것을 선호해요. 따라서 문장의 주어가 지금처럼 긴 경우에는 긴 주어를 대신할 짧은 단어가 필요합니다.

② 긴 주어를 대신할 짧은 주어의 조건

긴 주어를 대신할 단어를 선택하는 데 필요한 조건이 두 가지가 있어요.

(1) 가능한 짧은 단어여야 한다.

당연히 to부정사 주어나 동명사 주어보다 짧고 간단해야겠지요.

(2) 뜻을 갖고 있지 않아야 한다.

기존의 주어를 대신하는 단어가 자체적인 뜻을 갖고 있다면 어느 것이 진짜 주어인지 혼동을 줄 거예요. 그래서 대신 쓰이는 주어는 자체적인 뜻을 갖고 있지 않아야 해요.

③ 두 조건을 만족하는 주어는?

영어에서 대표적으로 짧은 단어들을 살펴봐요.

I	a	one	it	he
나	하나의	하나	그것	그

그런데 위 단어들은 모두 사전적으로 자신의 뜻을 가지고 있어요. 그래서 마땅한 것을 찾지 못하고 있었는데 시간이 흐르면서 다음과 같은 문장들이 생겨났어요.

It	is	fine	today.	오늘 날씨가 좋다.
(해석 ×)	~이다	날씨가 좋은	오늘	
It	is	2 o'clock	now.	지금 2시다.
(해석 ×)	~이다	2시	지금	
It	is	Friday	today.	오늘은 금요일이다.
(해석 ×)	~이다	금요일	오늘	

위 문장에서 it을 뭐라고 해석해야 할까요? 날씨, 시간, 요일 등을 말할 때 it이 주어로 사용되는데, 이때의 it 은 마땅히 해석할 뜻이 없어요. it이 이렇게 뜻이 없는 상태로 사용되면서 긴 주어를 대신할 단어로 부각되게 됩니다. 즉, 길이가 짧으면서 뜻이 없는 단어인 it이 긴 주어를 대신하게 된 거예요. 이때가 약 1540년대예요.

④ 긴 주어를 대신하는 가주어 it

그럼 긴 주어 대신 it을 넣어 볼까요?

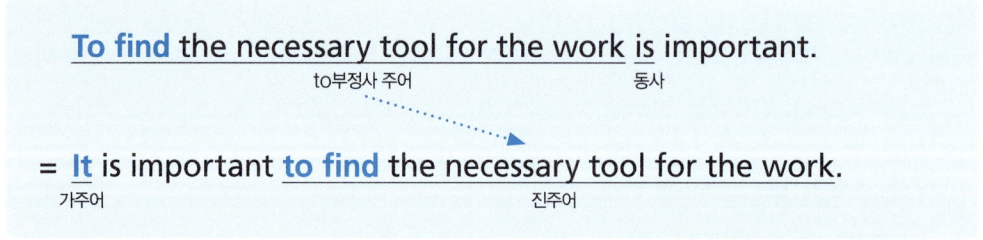

to부정사 주어는 it이라는 단어에 그 자리를 양보하고 뒤로 물러나요. it이 진짜 주어 대신 쓰인 가짜 주어이 다 보니 이렇게 쓰이는 It을 '가짜 주어' 또는 '**가주어 It**'이라고 하고, 뒤로 물러난 to부정사를 '**진주어**'라고 해요.

⑤ 가주어 it 연습하기

긴 주어 대신 가주어 it을 사용하는 연습을 좀 더 해 볼까요?

> ❶ **To have** dinner in the restaurant is expensive. ◐ to부정사 주어
> = **Having** dinner in the restaurant is expensive. ◐ 동명사 주어
> = **It** is expensive **to have** dinner in the restaurant. ◐ 가주어 it
> 식당에서 저녁을 먹는 것은 비싸다.

to부정사 주어나 동명사 주어를 쓴 문장들과 달리, 가주어 it을 쓴 세 번째 문장은 주어가 아주 짧아졌어요. 영어는 짧은 주어를 선호하기 때문에 주어가 긴 경우 가주어 it을 써서 문장을 만드는 것이 좋아요. 몇 개 더 연습해 볼까요?

> ❷ **To attend** every class is important. ◐ to부정사 주어
> = **Attending** every class is important. ◐ 동명사 주어
> = **It** is important **to attend** every class. ◐ 가주어 it
> 모든 수업에 참석하는 것은 중요하다.
>
> ❸ **Not to miss** the class for three months is difficult. ◐ to부정사 주어
> = **Not missing** the class for three months is difficult. ◐ 동명사 주어
> = **It** is difficult **not to miss** the class for three months. ◐ 가주어 it
> 3개월 동안 수업을 빼먹지 않는 것은 어렵다.

⑥ to부정사의 의미상 주어

다음 두 문장을 비교해 보세요.

> ❶ It is important **to go** there. 거기에 가는 것은 중요하다.
> ❷ It is important **for you to go** there. 네가 거기에 가는 것은 중요하다.

두 문장의 차이점은 for you에 있습니다. 거기에 가는 것이 누구인지 알려주는 for you를 to부정사의 **'의미상의 주어'**라고 부릅니다.

만약에 It is important for Mike to go there.라고 하면 거기에 가는 것이 Mike라는 뜻이 되죠. 여기서는 for Mike가 의미상의 주어입니다. 의미상의 주어 바로 뒤에 to부정사를 쓰면 됩니다.

It is important **for students to go** there.	학생들이 거기에 가는 것은 중요하다.
It is important **for teachers to go** there.	선생님들이 거기에 가는 것은 중요하다.
It is important **for them to go** there.	그들이 거기에 가는 것은 중요하다.
It is important **for tourists to go** there.	관광객들이 거기에 가는 것은 중요하다.

개념 정리 Quiz

1 to부정사 주어나 동명사 주어가 너무 길 경우 이를 해결하는 방법을 고르세요.

① to부정사의 to를 생략한다.   ② 부정문으로 바꾼다.
③ 주어를 가주어 that으로 바꾼다.   ④ 주어를 가주어 it으로 바꾼다.

2 가주어로 it을 쓰게 된 두 가지 이유를 쓰세요.

(1) _____

(2) _____

3 다음 문장에서 it이 가주어로 쓰인 것을 고르세요.

① It is a sad movie.   ② You can learn it fast.
③ I hope you like it.   ④ It is interesting to learn English.

4 다음 문장에서 진주어를 찾으세요.

> It is necessary for you to contact them in advance to make a reservation.
> ①   ②   ③   ④

5 다음 문장을 가주어 it을 이용하여 고쳐 쓰세요.

(1) To take the course is mandatory.

→ _____

(2) To have a holiday in Guam costs some money.

→ _____

(3) To visit him at this late hour is not a good idea.

→ _____

* contact 연락하다   in advance 미리   make a reservation 예약하다   mandatory 의무적인   cost 비용이 들다   late hour 늦은 시간

Practice

A 가주어와 진주어를 찾아서 밑줄을 치고, 문장을 해석하세요.

1 It is important to understand this.

   → _____

2 It was interesting to go there and watch it.

   → _____

3 It is easy to see places like this in this city.   * like this 이와 같은

   → _____

4 It must be exciting to travel around the world.   * travel around the world 세계 여행을 하다

   → _____

5 It is necessary for you to prepare for the test.   * necessary 필요한

   → _____

B 다음 문장을 동명사 주어와 가주어 It을 이용하여 바꿔 쓰세요.

6 To be honest is the best way.   * honest 정직한

   (1) [동명사 주어] _____

   (2) [가주어 it] _____

7 To practice English conversation with friends is helpful.   * conversation 대화

   (1) [동명사 주어] _____

   (2) [가주어 it] _____

8 To go jogging in the morning for 10 minutes is good for our health.

   (1) [동명사 주어] _____

   (2) [가주어 it] _____

C 가주어 it을 사용해서 다음을 영어로 옮기세요.

9 그것을 하는 것은 옳다. (right, do that)

→ _____

10 다시 만나서 반가워요. (nice, see, again)

→ _____

11 침착하게 말하는 것은 중요하다. (important, talk, calmly)

→ _____

12 손을 자주 씻을 필요가 있어. (necessary, your hands, often)

→ _____

13 강에서 수영하는 것은 나한테 쉬워요. (easy, me, swim, river)

→ _____

LESSON 10 특별한 상황에는 동명사 진주어

가주어 it을 쓸 때 진주어로 to부정사 대신 동명사를 쓸 수는 없을까요?
이번에는 그에 대한 답을 찾아 보고, 앞에서부터 지금까지 다뤘던 내용을 정리해 봅시다.

1 진주어로 to부정사를 쓸까, 동명사를 쓸까?

> ❶ **To save** some money for the future is important.
> ❷ **Saving** some money for the future is important.
> 미래를 위해 돈을 모으는 것은 중요하다.

❶번은 to부정사 주어를 쓴 것이고, ❷번은 동명사 주어를 쓴 것인데, 두 문장 모두 주어가 무척 길어요. 가주어 It을 써서 이 문장들을 고쳐 봐요. 다음 중 어느 쪽이 맞는 문장일까요?

> ❸ It is important **to save** some money for the future. ◑ to부정사 진주어
> ❹ It is important **saving** some money for the future. ◑ 동명사 진주어
> 미래를 위해 돈을 모으는 것은 중요하다.

❸번은 진주어로 to부정사를 쓴 것이고, ❹번은 진주어로 동명사를 쓴 거예요. 둘 다 맞는 문장입니다. 진주어로 to부정사를 써도 되고 동명사를 써도 됩니다. 그런데 이런 궁금증이 생기죠. 진주어로 언제 to부정사를 쓰고 언제 동명사를 쓸까요?

2 to부정사 진주어 vs 동명사 진주어

평소에 자주 접하는 일반적인 상황인지 또는 평소에 자주 일어나지 않는 특이하고 드문 상황인지에 따라서 어느 것을 쓸지 정하면 됩니다.

> In the class, the professor asked a question.
> 교실에서 교수가 질문을 했다.

> She ignored his question before him.
> 그녀는 면전에서 그의 질문을 무시했다.
>
> **To ignore** the professor's question before him is unusual.
> 면전에서 교수의 질문을 무시하는 것은 흔하지 않다.

교수님의 질문을 대놓고 무시한다는 것은 특이하고 드문 일이지요. 이 문장을 가주어 it을 써서 바꿔 봐요.

> **To ignore** the professor's question before him is unusual.
> → It is unusual **to ignore** the professor's question before him. (△)
> → It is unusual **ignoring** the professor's question before him. (○)
> 면전에서 교수의 질문을 무시하는 것은 흔하지 않다.

위와 같이 평소에 자주 일어나지 않는 특이하고 낯선 상황에서는 진주어로 동명사를 쓰는 것이 좀 더 어울려요. to부정사를 써도 되지만, 동명사를 쓰면 좀 더 강조가 되기 때문이에요.

남자친구와 극장에 영화를 보러 갔는데 옆자리에 예전 남자친구가 앉아 있다고 상상해 보세요. 생각만 해도 무척 불편하죠? 평소에 자주 일어나는 일이 아닙니다.

> In the movie theater, I met my ex-boyfriend.
> 극장에서 나는 예전 남자친구를 만났다.
>
> **To be** with my ex-boyfriend was uncomfortable.
> 전 남자친구와 함께 있는 것이 불편했다.

위 문장을 보면 주어가 무척 길어요. 가주어 it을 써서 이 문장을 바꾸려고 해요. 여기서는 진주어로 to부정사를 쓸까요, 동명사를 쓸까요?

> **To be** with my ex-boyfriend was uncomfortable.
> → It was uncomfortable **to be** with my ex-boyfriend. (△)
> → It was uncomfortable **being** with my ex-boyfriend. (○)
> 전 남자친구와 함께 있는 것이 불편했다.

이런 상황은 아주 특이한 상황이기 때문에 진주어로 동명사를 쓰는 것이 좀 더 어울려요. to부정사를 써도 되지만, 동명사를 쓰면 좀 더 **강조**가 되기 때문이에요. 누가 봐도 상식적인 상황이라면 진주어로 to부정사를 쓰면 되고, 상식에서 벗어난 특이한 상황이라면 진주어로 동명사를 쓰면 됩니다.

여기에서 주의할 점이 있어요. '상식'이라는 기준이 상대적일 수 있다는 거예요. 다른 사람에게는 평범한 일이지만, 나에게는 특이한 일이라면 동명사를 써서 강조할 수 있어요. 만일 동명사를 쓸지 to부정사를 쓸지 확신이 서지 않을 때는 사용빈도가 더 높은 to부정사를 쓰세요.

③ 자주 쓰이는 가주어 구문

(1) 가주어 It + be동사 + 형용사 + to부정사 진주어

대부분의 경우 진주어로 to부정사를 사용합니다. 특히 다음 형용사가 나올 때는 진주어로 to부정사를 사용합니다.

- 난이도를 나타내는 형용사: easy 쉬운 difficult 어려운 hard 어려운 simple 단순한
- 중요성을 나타내는 형용사: important 중요한 essential 필수적인 vital 꼭 필요한
- 상태를 나타내는 형용사: natural 자연스러운 unnatural 부자연스러운 common 흔한

It is **important to** exercise every day. 매일 운동하는 것은 중요하다.

It is not **easy to** find a job. 직장 구하기가 쉽지 않다.

(2) 가주어 It + be동사 + 형용사 + 동명사 진주어

진주어로 동명사를 쓰는 것은 비격식적(informal)이며 일부 제한적인 경우에만 해당돼요. 대개의 경우 관용적인 표현들이므로 다음 문장들을 여러 번 읽어서 익숙해지도록 하세요.

It's **worth** try**ing**.
시도해 볼 가치가 있다.

It's no **use/good** cry**ing** over spilt milk.   ◐ It's no use -ing ~해도 소용없다
엎질러진 우유 앞에서 울어 봐야 소용없다.(이미 엎질러진 물이다.)   (= There is no use -ing)

It was **nice** see**ing** you.   ◐ It was nice -ing
만나서 반가웠습니다.   (과거에 ~했던 것이) 즐거웠다

It was **nice** talk**ing** to you.
당신과 얘기 나눠서 즐거웠어요.

It is really **fun** play**ing** baseball.   ◐ It's fun -ing ~하는 것은 재미있다
야구를 하는 것은 정말 재미있다.

개념 정리 Quiz

1 to부정사와 동명사 중 가주어 it 뒤에 쓸 수 있는 것을 고르세요.

① to부정사만 쓸 수 있다.
② 동명사만 쓸 수 있다.
③ to부정사와 동명사 모두 쓸 수 있다.
④ to부정사와 동명사 모두 쓸 수 없다.

2 둘 중 알맞은 것을 고르세요.

> 진주어를 쓸 때 내용이 일반적인 경우라면 보통 (1) (to부정사 / 동명사) 형태를 쓰고, 내용이 일반적이지 않고 특이한 경우라면 (2) (to부정사 / 동명사) 형태를 써서 강조해 줄 수 있다.

3 다음 문장에서 진주어를 고르세요.

> (1) It is wise for you to talk to him in advance to make a final decision.
>   ①   ②   ③   ④

> (2) It is unusual for us winning a lottery twice to be rich.
>   ①   ②   ③   ④

4 다음 문장을 가주어 it을 이용하여 고쳐 쓰세요.

(1) To watch video clips before sleeping is my habit.

→ _____

(2) Meeting someone with the same dress is not common.

→ _____

---

* in advance 미리   final decision 최종 결정   unusual 흔치 않은   win a lottery 로또에 당첨되다   video clip 동영상   common 흔한

Practice

A 가주어 it과 진주어를 찾아서 밑줄을 치고, 다음 문장을 해석하세요.

1 It was his idea to have a meeting on Sunday.
→ _____

2 It is pleasant to meet you.   * pleasant 기쁜
→ _____

3 It was very helpful to work with you.   * helpful 유익한
→ _____

4 It was fun playing all day.   * all day 하루 종일
→ _____

5 It is unbelievable seeing my skin becomes younger.   * unbelievable 믿을 수 없는
→ _____

B 가주어 it과 to부정사 진주어 또는 동명사 진주어를 이용해 다음을 영어로 옮기세요.

6 여기서 공부하는 것은 교육적이었다. (educative, study)
→ _____

7 거기에 방문하는 것은 그의 결정이었다. (decision, visit)
→ _____

8 이 도시에서 사는 것은 비싸지 않다. (expensive, live, city)
→ _____

9 여기에 머무는 것이 안전하다. (safe, stay)
→ _____

10 너와 걷는 것이 좋았어. (nice, walking, with) – 과거시제 사용
→ _____

동명사 사용 실력 굳히기

동명사는 이름을 왜 그렇게 지었을까요? 동명사를 쓰는 자리는 어디이고,
동명사를 제대로 쓰려면 어떻게 써야 할까요? 동명사에 대해 자세히 알아봐요.

1 to부정사 & 동명사 복습하기

to부정사는 두 단어(to+동사원형)이다 보니 주어로 쓰기에는 길다는 단점이 있어요. 또 to부정사는 전치사 뒤에 쓸 수 없다는 단점이 있어요. 이러한 단점들을 보완하기 위해 동명사를 쓰게 됐어요. 다음 문장의 to부정사 주어를 좀 더 간단한 동명사 주어로 바꿔 볼까요?

❶ <u>To boil</u> water prevents disease.
= <u>Boiling</u> water prevents disease.
물을 끓이는 것은 질병을 예방해 준다.

❷ <u>To fix</u> a car is my hobby.
= <u>Fixing</u> a car is my hobby.
차를 수리하는 것은 내 취미다.

❸ <u>To spend</u> money is welcome in Las Vegas.
= <u>Spending</u> money is welcome in Las Vegas.
돈을 쓰는 것은 라스베가스에서 환영받는다.

❹ <u>To use</u> a camera is illegal here.　　　　　*Illegal 불법적인
= <u>Using</u> a camera is illegal here.
카메라를 사용하는 것은 이곳에서 불법이다.

❺ <u>To confuse</u> them is our strategy.　　　　*strategy 전략, 작전
= <u>Confusing</u> them is our strategy.
그들을 혼란시키는 것이 우리의 전략이다.

❻ <u>To study</u> is our responsibility.　　　　*responsibility 책임, 의무, 책무
= <u>Studying</u> is our responsibility.
공부하는 것은 우리의 책무이다.

❼ <u>To forgive</u> you is also to forgive me.
= <u>Forgiving</u> you is also forgiving me.
너를 용서하는 것이 또한 나를 용서하는 것이다.

to부정사를 동명사로 바꾸고 나니 주어가 좀 더 간단해 보이죠? to부정사를 주어로 쓰면 복잡해 보이는데도, 주어로 동명사가 아닌 to부정사를 쓴다면 그것은 '**주어를 강조**'하려는 의도인 거예요.

② 왜 '동명사'라고 이름 지었을까?

studying, fixing, giving과 같이 동사에 -ing를 붙인 형태를 왜 '동명사'라고 부르게 됐는지 그 배경을 살펴봐요.

주다   주는 것
give → giving
동사   명사

give는 동사이지만 -ing를 붙여서 giving이 되면 명사로 바뀝니다. 그러다 보니 '동사가 명사가 됐다, 동사를 명사로 만들기, 동사의 명사화'와 같이 말하다가 결국 간단히 '동명사'라고 이름이 붙여진 거예요.

③ 동명사는 동사일까, 명사일까?

동명사의 성격을 정확히 파악해 보려고 해요.

(1) 다음 문장에서 follow가 '동사'라고 말할 수 있는 세 가지 증거를 찾아봐요.

We **follow** the dog. 우리는 그 개를 따라간다.

① 해석해 보면 알 수 있다.
문장을 해석하면 '우리는 그 개를 따라간다'라는 뜻이에요. 이렇게 해석을 통해 follow가 '따라가다'라는 뜻의 동사라는 것을 알 수 있어요.

② 첫 번째 명사(주어) 뒤에 오는 것을 통해 알 수 있다.
앞에서 배웠던 영어의 가장 이상적인 단어 배열을 기억하죠?

명사 + 동사 + 명사 / 전치사 + 명사
        follow

이 단어 배열에 의하면, 동사는 첫 번째 명사(주어) 다음에 와요. 즉, 첫 번째 명사(주어) 뒤에 오는 것이 동사라는 것을 알 수 있어요. 따라서 위 문장에서 첫 번째 명사(주어)인 we 뒤에 나오는 follow는 동사입니다.

③ the dog라는 목적어를 가지는 것으로 알 수 있다.

가장 이상적인 단어 배열을 보면 동사 뒤에 두 번째 명사(목적어)가 옵니다. 즉, 두 번째 명사(목적어) 앞에 오는 것이 동사라는 거죠. 따라서 the dog 앞에 쓰인 follow는 the dog을 목적어로 가지는 동사입니다.

(2) 다음 문장에서 follow가 '동사'라고 말할 수 있는 증거를 두 가지 찾아보세요.

> **Follow** the dog. 그 개를 따라가세요.
> 동사   명사(목적어)

① 해석해 보면 알 수 있다.

위 문장을 해석하면 '그 개를 따라가세요'라는 뜻이므로, 해석을 통해 follow가 '따라가다'라는 뜻의 동사라는 것을 알 수 있어요.

② the dog을 목적어로 가진다.

가장 이상적인 단어 배열을 보면 동사 뒤에는 명사(목적어)가 옵니다. 따라서 위 문장에서 명사(목적어)인 the dog 앞에 쓰인 follow가 동사라는 것을 알 수 있어요.

(3) 다음 문장에서 following이 '명사'인 증거 한 가지와 '동사'인 증거 한 가지를 찾아보세요.

> **Following** the dog is fun. 그 개를 따라가는 것은 재미있다.

① 명사 증거: 문장에서 주어 자리에 쓰였다.

가장 이상적인 단어 배열을 보면 동사 앞에 명사(주어)가 옵니다. 따라서 위 문장에서 동사 is 앞에 쓰인 Following the dog이 주어이고 following은 명사입니다.

② 동사 증거: 뒤에 목적어를 가진다.

the dog은 내용상 동사 follow의 목적어입니다. 즉, following이라는 동명사로 바뀌었지만 여전히 목적어를 그 뒤에 가진다는 거죠.

정리하면, 동명사는 동사의 성격도 100% 유지하고(뒤에 목적어를 가짐), 명사의 성격도 100% 유지한다(주어, 목적어로 쓰임)고 보면 됩니다. 즉, 동명사를 쓴다는 것은 뒤에 목적어를 가지는 동사로도 쓰고, 주어목적어 자리에 명사로도 쓰겠다는 거예요. 이것을 문법적으로 말해서 '동명사는 그 뒤에 목적어를 취한다' 또는 '동명사를 주어목적어로 쓴다'라고 하지요.

④ 동명사 실력 업그레이드하기

다음 중 어색한 문장을 골라 보세요.

> ❶ Eating is important.
> ❷ Studying English is important.
> ❸ To eat is important.
> ❹ To study English is important.

위 문장 중 어색한 것은 ❶번이에요. 그 이유를 알려드릴게요. ❷번에서 studying은 동사인 is 앞에 쓰였으므로 '명사(주어)'이고, studying에 대한 목적어 English가 뒤에 쓰였으므로 '동사'이기도 합니다.
하지만 ❶번은 어떤가요? ❶번에서 eating은 동사인 is 앞에 쓰였으므로 '명사(주어)'입니다. 그런데 뒤에 목적어가 없기 때문에 무엇을 먹는지 알 수가 없어요. 따라서 eating 뒤에 food나 fruit 같은 목적어를 써 줘야 자연스럽습니다.
그렇다면 ❸번 To eat 뒤에도 목적어를 써야 할까요? 꼭 그렇지는 않아요. 동명사 Eating(먹는 것)과 to부정사 To eat(식사하는 것)은 개념이 조금 달라요. Eating은 특정 음식을 먹는 것이고, To eat은 생명 유지를 위한 포괄적 의미의 음식 섭취나 식사를 말해요. 그러므로 To eat을 '식사하는 것', '음식을 섭취하는 것'이라는 의미로 쓸 때는 뒤에 무엇을 먹는지 쓰지 않아도 됩니다.

다음 문장들이 가지고 있는 약점을 찾아보세요.

> ❺ Reading enhances our knowledge.
> 읽는 것은 우리의 지식을 향상시킨다.
>
> ❻ Giving helps other people.
> 주는 것은 다른 사람들을 도와준다.

문법적으로는 두 문장 모두 맞습니다. 하지만 동명사를 명사로만 쓰고 동사로는 쓰지 않아서 내용상 뭔가 빠진 듯한 느낌을 줘요. 동사로 쓰기 위해서 동명사 뒤에 **목적어**를 넣어 볼게요.

❼ Reading enhances our knowledge. ○ reading이 문장의 주어
→ Reading **novels** enhances our knowledge. ○ reading의 목적어 추가
소설을 읽는 것은 우리의 지식을 향상시킨다.

❽ I enjoy reading. ○ reading이 문장의 목적어
→ I enjoy reading **novels**. ○ reading의 목적어 추가
나는 소설 읽는 것을 즐긴다.

❾ Giving helps other people. ○ giving이 문장의 주어
→ Giving **money** helps other people. ○ giving의 목적어 추가
돈을 주는 것은 다른 사람들을 도와준다.

❿ I quit giving. ○ giving이 문장의 목적어
→ I quit giving **money**. ○ giving의 목적어 추가
나는 돈 주는 것을 그만뒀다.

동명사만 쓰는 것보다 동명사 뒤에 목적어를 쓰면 내용이 더 자연스러워지고 문장의 수준이 올라갑니다. 만약에 목적어 없이 '독서하는 것', '기부하는 것'처럼 특정 행동 자체에 무게를 실어서 강조하고 싶다면 to부정사 형태로 쓰면 됩니다.

⓫ Reading **novels** enhances our knowledge.
소설을 읽는 것은 우리의 지식을 향상시킨다.

To read enhances our knowledge.
독서하는 것은 우리의 지식을 향상시킨다.

⓬ Giving **money** helps other people.
돈을 주는 것은 다른 사람들을 도와준다.

To give helps other people.
기부하는 것은 다른 사람들을 도와준다.

정리하면, 동명사는 뒤에 목적어를 써서 보다 구체적으로 알려주는 것이 좋고, to부정사는 목적어를 써서 구체적으로 알려줄 수도 있고, 목적어 없이 포괄적인 의미로도 쓸 수 있어요.

개념 정리 Quiz

1 동사에 **-ing**를 붙여서 동명사를 만들면 동사의 성격을 완전히 잃어버린다.

(True / False)

2 다음 문장이 다소 어색한 이유를 고르세요.

> Making is my hobby.

① 동명사 Making 뒤에 목적어가 없어서
② 동명사 Making 뒤에 전치사구가 없어서
③ 동명사 Making 뒤에 동사가 적절치 않아서
④ 가주어 it을 사용하지 않아서

3 **Watching**에 동사의 성격이 남아 있음을 보여 주는 증거를 고르세요.

> <u>Watching</u> movies in English is a good way to study English.

① Watch가 주어로 쓰였다.
② Watching을 To watch로 바꿀 수 있다.
③ Watching 뒤에 목적어 movies를 썼다.
④ Watching 뒤에 in English라는 전치사구를 썼다.

4 괄호안의 단어를 동명사의 목적어로 넣어 각 문장을 자연스럽게 고치세요.

(1) Buying is expensive. (a computer)

→ _____

(2) Driving needs practice. (a car)

→ _____

(3) I like meeting. (new people)

→ _____

Practice

A 동명사와 동명사의 목적어를 찾아 밑줄을 치고, 문장을 해석하세요.

1 Sharing this with you is my pleasure.   *share 나누다 pleasure 기쁨

→ _____

2 Saving money is important, but spending it is more important.

→ _____

3 Memorizing sentences is a good way in order to improve your English skill.
                                                                                             *way 방법 improve 향상시키다

→ _____

4 I remember giving her my business card.   *business card 명함

→ _____

5 Everyone will enjoy having new experiences with us.   *experience 경험

→ _____

B 동명사를 사용하여 다음을 영어로 옮기세요.

6 그를 만나는 것은 나를 신나게 만든다. (meet, him)

→ _____ makes me excited.

7 나는 나의 공부를 위해서 영어 소설책 읽는 것을 시작했다. (an English novel)

→ I started _____ for my study.

8 그녀에게 사실을 말하는 것이 마지막 남은 선택이다. (tell, truth)

→ _____ is the last option.

9 출퇴근 시간에 지하철을 이용하는 것은 스트레스를 준다. (the subway, the rush hour)

→ _____ is stressful.

10 저를 이해해 주셔서 감사합니다. (understand)

→ Thank you for _____.

이건 몰랐죠? 소유격+동명사

LESSON 12

지금까지 배운 동명사를 잘 이용하면 무척 수준 높은 문장을 만들 수 있습니다.
소유격과 동명사의 만남이 바로 그 비결입니다.

① 소유격이란?

동명사의 활용법을 배우기 전에 일단 '소유격'에 대해 알아봐요.

my cars	나의 차들
your books	네 책들
his friends	그의 친구들

여기서 **my**(나의), **your**(너의), **his**(그의)처럼 '~의'라는 뜻의 표현을 '**소유격**'이라고 해요. '무언가를 소유한다는 말의 격식'을 간단히 줄여서 '소유격'이라고 부르게 된 거예요. 주격과 소유격을 묶어서 외워 두세요.

주격		소유격		주격		소유격	
I	나는	my	나의	we	우리는	our	우리의
you	너는	your	너의	you	너희는	your	너희의
he	그는	his	그의	they	그들은	their	그들의
she	그녀는	her	그녀의				
it	그것은	its	그것의				

② 소유격 + 명사

소유격 뒤에는 car, book, friend 같은 명사를 쓰면 돼요. 소유격 뒤에 명사만 붙이면 되므로 소유격을 사용하기는 아주 쉽습니다. 소유격 뒤에 다양한 명사를 붙여 볼까요?

소유격	명사	소유격 + 명사
my	passion	my passion 나의 열정
your	talents	your talents 너의 재능
his	generosity	his generosity 그의 관대함
her	sense of humor	her sense of humor 그녀의 유머 감각
its	result	its result 그것의 결과
our	income	our income 우리의 소득
their	invitation	their invitation 그들의 초대
Tom's	laptop	Tom's laptop Tom의 노트북 컴퓨터
society's	welfare	society's welfare 사회의 복지

③ 소유격+동명사

그럼 소유격 뒤에 명사 대신 동명사를 쓸 수 있을까요? 정답은 '쓸 수 있다'입니다. 동명사는 동사를 명사로 만든 것이라고 했어요. 즉, 동명사는 명사이기 때문에 소유격 뒤에 쓸 수 있어요.

my study**ing** 나의 공부하는 것 (내가 공부하는 것)
his work**ing** 그의 일하는 것 (그가 일하는 것)

위의 예처럼 〈소유격+동명사〉에서 소유격(my, his)은 우리말의 주격(내가, 그가)으로 해석되는 경우가 많습니다. 그렇다 보니 영작을 할 때 〈소유격+동명사〉를 떠올리지 못하고 I, He처럼 주격을 쓸 생각을 먼저 하게 돼요. 앞으로는 〈소유격+동명사〉를 사용해서 '~은/는/이/가'의 말투도 표현해 보세요.
예를 좀 더 확인해 보세요.

소유격	동명사	소유격 + 동명사 (~가 ~하는 것)
my	going	my going 내가 가는 것
your	working	your working 네가 일하는 것
his	eating	his eating 그가 먹는 것
her	meeting	her meeting 그녀가 만나는 것
our	studying	our studying 우리가 공부하는 것
their	coming	their coming 그들이 오는 것

〈소유격 + 동명사〉 형태를 문장 속에서 사용해 볼까요?

> **Our** study**ing** English will help us someday.
> 우리가 영어를 공부하는 것은 언젠가 우리에게 도움이 될 것이다.
>
> **My** go**ing** to the gym helps me.
> 내가 체육관에 가는 것은 나에게 도움이 돼요.
>
> **Your** work**ing** here helps us.
> 네가 여기에서 일하는 것이 우리에게 도움이 돼.

이제 소유격 뒤에 동명사를 써서 '내가 ~하는 것', '그가 ~하는 것', '그녀가 ~하는 것', '네가 ~하는 것' 같은 표현을 영어로 쉽게 만들 수 있을 거예요.

④ 〈소유격 + 동명사〉 연습하기

〈소유격＋동명사〉를 이용해서 문장을 만들어 봐요. '나는 네가 거기 가는 것을 이해한다'를 바로 영작하려면 어려울 거예요. 작은 단위부터 시작해서 조금씩 늘려가며 영작해 볼까요?

가다	go
가는 것	going
네가 가는 것(너의 가는 것)	**your going**
네가 거기 가는 것	**your going** there
나는 네가 거기 가는 것을 이해한다.	I understand **your going** there.

'네가 거기 가는 것'을 영작할 때 '네가'를 you라고 떠올리기 쉽습니다. 하지만 이렇게 〈소유격＋동명사〉로 옮길 수 있다는 점을 잘 알아두세요. 몇 개 더 연습해 봐요.

전화하다	call
전화하는 것	calling
나에게 전화하는 것	calling me
그가 나에게 전화하는 것	**his calling** me
그가 나에게 전화한 것이 놀라게 했다.	**His calling** me surprised.
그가 나에게 전화한 것이 모두를 놀라게 했다.	**His calling** me surprised everybody.

불평하다	complain
불평하는 것	complaining
그가 불평하는 것	**his complaining**

짧은 휴식시간에 대해 그가 불평하는 것
his complaining about the short break time

짧은 휴식시간에 대해 그가 불평하는 것은 일으켰다.
His complaining about the short break time caused.

짧은 휴식시간에 대해 그가 불평하는 것은 문제를 일으켰다.
His complaining about the short break time caused problems.

이 문장에서 주어는 His complaining about the short break time이에요. 〈소유격+동명사〉를 주어로 사용했더니 이렇게 긴 주어를 아주 쉽게 만들 수 있게 됐어요.

소유격 다음에 명사를 쓰는 것처럼 소유격 다음에 동명사도 쓸 수 있다는 것을 이제 잘 알았을 거예요. 여러분의 영어 수준을 높여주는 방법들 중 하나이므로 꼭 자주 사용해 보세요.

개념 정리 Quiz

1 소유격 뒤에 쓸 수 있는 것을 두 개 고르세요.

① 형용사 ② 명사
③ 동명사 ④ to부정사

2 다음 중 소유격 뒤에 쓸 수 없는 단어는 무엇인가요?

① laptop ② happy
③ writing ④ problem

3 다음을 우리말로 옮기세요.

(1) his saving money → _____

(2) your playing the piano → _____

(3) my sitting next to you → _____

4 〈소유격+동명사〉를 이용하여 다음을 영어로 옮기세요.

(1) 그들이 만나는 것 (meet) → _____

(2) 우리가 거기 가는 것 (go) → _____

(3) 그녀가 춤추는 것 (dance) → _____

5 다음을 영어로 바르게 옮긴 것을 고르세요.

> 우리가 다툰 것은 서로가 오해한 것 때문이다.

① We fight is because of each other misunderstanding.
② We fighting is because of each other's misunderstanding.
③ Our fighting is because of each other misunderstanding.
④ Our fighting is because of each other's misunderstanding.

* misunderstanding 오해

Practice

A 〈소유격+동명사〉를 찾아 밑줄을 치고, 문장을 해석하세요.

1. I am happy to hear your being successful.   *successful 성공적인
→ _____

2. My complaining about this has nothing to do with you.
   *complain 불평하다 have nothing to do with ~과 관계가 없다
→ _____

3. Their cleaning the street in the morning always wakes me up.
→ _____

4. Jack's challenging it has a positive effect.   *challenge 도전하다
   positive effect 긍정적인 효과
→ _____

5. I am sorry for my coming too early.
→ _____

B 〈소유격+동명사〉를 이용하여 다음을 영어로 옮기세요.

6. 그가 사실을 말하는 것이 그 문제를 해결할 것이다. (tell, truth)
→ _____ will solve the problem.

7. 내가 그녀와 만나는 것에 대해 아무에게도 말하지 마세요! (meet)
→ Don't tell anyone about _____!

8. 내가 여기에서 일하는 것은 비밀이야. (work, here)
→ _____ is a secret.

9. 그가 기타를 치면서 노래를 부르는 것이 나를 진정시켰다. (guitar, song)
→ _____ calmed me down.

10. 네가 우리를 도와준 것이 큰 도움이 되었어. (help)
→ _____ was a big help.

C 〈소유격+동명사〉를 이용해서 단계별로 영작해 보세요.

11 우리가 월요일에 만나는 것은 비밀이다.

(1) 만나는 것(meet) → _____

(2) 우리가 만나는 것 → _____

(3) 우리가 월요일에 만나는 것 (Monday)

→ _____

(4) 우리가 월요일에 만나는 것은 비밀이다. (secret)

→ _____

12 나는 네가 정시에 오는 것을 기대했다.

(1) 오는 것(come) → _____

(2) 네가 오는 것 → _____

(3) 네가 정시에 오는 것 (on time)

→ _____

(4) 나는 네가 정시에 오는 것을 기대했다. (expect)

→ _____

13 나는 내가 시험 보는 것에 대해서 생각했다.

(1) 시험 보는 것 (take a test) → _____

(2) 내가 시험 보는 것 → _____

(3) 내가 시험 보는 것에 대해서

→ _____

(4) 나는 내가 시험 보는 것에 대해서 생각했다. (think)

→ _____

14 네가 실수하는 것이 우리를 당황하게 했다.

(1) 실수하는 것 (make a mistake) → _____

(2) 네가 실수하는 것 → _____

(3) 네가 실수하는 것이 당황하게 했다. (embarrass)

→ _____

(4) 네가 실수하는 것이 우리를 당황하게 했다. (us)

→ _____

15 우리가 영어를 공부하는 것은 언젠가 우리에게 도움이 될 것이다.

(1) 공부하는 것 (study) → _____

(2) 영어를 공부하는 것 (English) → _____

(3) 우리가 영어를 공부하는 것 → _____

(4) 우리가 영어를 공부하는 것은 우리에게 도움이 될 것이다. (help)

→ _____

(5) 우리가 영어를 공부하는 것은 언젠가 우리에게 도움이 될 것이다. (someday)

→ _____

누가 왜 만들었나? go+-ing

go 뒤에 동명사를 붙인 표현을 알고 있으면서도 잘 사용하지 못하는 경향이 있어요.
이 표현이 영어권에서 많이 쓰이게 된 문화적인 배경을 알고 나면 앞으로 자연스럽게 쓸 수 있을 겁니다.

1 <go+-ing> 연습하기

go 뒤에 동명사를 붙인 〈go+-ing〉 표현을 많이 들어봤을 거예요. 어떤 말이 정형화되어 있다는 것은 그만큼 많이 쓰이고 생활 깊숙이 자리 잡고 있다는 뜻이에요. 이 말투는 영어권 사람들의 활동과 취미생활을 반영하고 있어요. 〈go+-ing〉의 문화적인 배경을 생각하면서 다음 표현들을 살펴봐요.

❶ We go bird-watching every day.
   우리는 매일 새를 구경하러 간다.

❷ We will go boating tomorrow.
   우리는 내일 보트 타러 갈 거야.

여러분 중에 지난주에 새를 보러 다녀오신 분 있나요? 최근에 보트 타고 오신 분 있나요? 우리나라에서는 낯선 이런 활동들이 영어권에서는 즐겨 하는 여가 활동입니다. 야생 공원이 많은 영어 문화권의 특성상 사슴을 보러 가는 사람들도 많은데 그런 경우에는 go deer-watching이라고 말하면 됩니다.

❸ They went camping.
   그들은 캠핑을 갔다.

❹ I want to go dancing.
   나는 춤추러 가고 싶어요.

우리나라에서는 자녀가 집밖에서 자는 것을 꺼려하는 경향이 있지만, 영어 문화권에서는 자녀들이 밖에서 자주 활동하도록 지도합니다. 그러다 보니 캠핑 문화가 발달해 있어요. ❸번처럼 '~하러 갔다'라고 과거형으로 말할 때는 〈went+-ing〉를 쓰면 됩니다.

❺ We used to go hiking.
   우리는 등산을 가곤 했어요.

'등산을 갔다'는 의미로 I went mountain climbing.이라고 말하는 사람들이 종종 있어요. 하지만 mountain climbing은 전문 등산 장비를 가지고 히말라야나 에베레스트 등의 높은 산을 등반하는 것을 말해요. 주말에 가족이나 친구들과 동네 산을 가볍게 다녀오는 등산은 보통 hiking이라고 합니다. 만약에 '우리는 전문적인 등반을 가곤 했다.'라고 말하려면 We used to go mountain climbing. 이라고 하면 됩니다. '~하곤 했다'는 뜻의 used to도 유용한 표현이니 이번 기회에 외워 두세요. We used to meet.(우리는 만나곤 했다.) / We used to study.(우리는 공부하곤 했다.)와 같이 사용하면 돼요.

❻ I want to **go** jogg**ing**.
나는 조깅하러 가고 싶어요.

jogging보다 더 빨리 달리는 것은 running을 써요. '나는 달리기하러 갔다.'라고 하려면 I went running.이라고 하면 됩니다.

❼ In order to **go** shopp**ing**, they went out.
쇼핑을 가기 위해서 그들은 외출했다.

❽ I just want to **go** window shopp**ing**.
나는 그냥 아이쇼핑하러 가고 싶어요.

'아이쇼핑'은 영어로 eye shopping이 아니라 window shopping이라고 해요. '그냥'이라는 말은 just라는 부사를 사용하면 뉘앙스를 제대로 전달할 수 있습니다.

❾ In winter, people **go** skat**ing**.
겨울에 사람들은 스케이트를 타러 간다.

❿ My friend and I will **go** ski**ing**.
내 친구와 나는 스키 타러 갈 거예요.

⓫ Jack and his younger brother **go** swimm**ing**.
Jack과 그의 남동생은 수영하러 간다.

아시아의 대부분의 나라들은 자연에 순응하는 문화를 중요시했어요. 겨울에 강이 얼면 스케이트를 타고, 여름이면 수영을 했었죠. 반면 영어 문화권은 실내에 물을 가두어 스케이트장과 수영장을 만들어서 1년 내내 스케이트를 타고 수영을 하는 등 계절적인 문제의 해결을 중요하게 생각했어요. 자연을 극복과 정복의 대상으로 보는 영어권의 문화를 반영하는 부분이에요.

② 목적어로 to부정사를 쓸 때와 동명사를 쓸 때 의미가 같은 동사들

다음 동사들은 목적어로 to부정사와 동명사를 모두 쓸 수 있고, to부정사가 오든 동명사가 오든 의미에 변화가 없어요. 쓰고 싶은 것을 쓰면 됩니다.

> start 시작하다　　begin 시작하다　　like 좋아하다　　love 사랑하다
> prefer 선호하다　　hate 싫어하다　　continue 계속하다　　stand 견디다
> bear 참다　　intend 의도하다

예문을 통해 확인해 볼까요?

❶ I started to run.
= I started running.
　나는 달리기 시작했다.

❷ He began to lose his money.
= He began losing his money.
　그는 돈을 잃기 시작했다.

❸ She likes to read.
= She likes reading.
　그녀는 독서하는 것을 좋아한다.

❹ We love to travel.
= We love traveling.
　우리는 여행하는 것을 아주 좋아한다.

❺ I prefer to study alone (rather) than (to) study together.
= I prefer studying alone to studying together.
　나는 함께 공부하는 것보다 혼자 공부하는 것을 더 좋아한다. 　　* prefer A to B B보다 A를 더 좋아하다

❻ I hate to take a test.
= I hate taking a test.
　나는 시험 보는 것을 싫어한다.

❼ They continued to study.
= They continued studying.
　그들은 공부하는 것을 계속했다.(그들은 계속 공부했다.)

❽ Tim can't **stand** *to be* in the room alone.
= Tim can't **stand** *being* in the room alone.
Tim은 방에 혼자 있는 것을 견디지 못한다.

❾ I can't **bear** *to hear* the wave music again and again.
= I can't **bear** *hearing* the wave music again and again.
나는 그 웨이브 음악이 계속 반복해서 들리는 것을 참을 수가 없다.

❿ I **intend** *to go* to the meeting.
= I **intend** *going* to the meeting.
나는 그 모임에 갈 의향이 있다.

3. 목적어로 to부정사를 쓸 때와 동명사를 쓸 때 의미가 다른 동사들

다음 동사들은 뒤에 to부정사가 올 때는 미래에 할 일을 나타내고, 동명사가 올 때는 과거에 했던 일을 나타내요. 목적어로 to부정사를 쓰는지 동명사를 쓰는지에 따라 의미가 달라지므로 꼭 구분해서 사용해야 합니다.

❶ Please **remember** *to lock* the door!   ○ 미래(잠글 것)
문 잠그는 것을 기억하세요!

❷ I **remember** *locking* the door before I went out.   ○ 과거(잠근 것)
나는 나가기 전에 문을 잠근 걸 기억한다.

❸ I **regret** *to tell* you that she said no.   ○ 미래(말할 것)
그녀가 싫다고 한 것을 너에게 말하게 되어 유감이다.

❹ I **regret** *telling* you that she said no.   ○ 과거(말한 것)
그녀가 싫다고 한 것을 너에게 말한 것이 후회돼.

❺ Sam often **forgets** *to take* the medicine.   ○ 미래(약을 먹을 것)
Sam은 종종 약 먹는 것을 잊어버린다.

❻ I will never **forget** *taking* the medicine.   ○ 과거(약을 먹은 것)
나는 약을 먹은 것을 절대 잊어버리지 않겠다.

④ stop + to부정사/동명사

〈stop+동명사〉는 '~하는 것을 멈추다[그만두다]'라는 뜻이에요. 그런데 stop 뒤에 to부정사가 오기도 합니다. 이때 to부정사는 in order to(~하기 위하여)가 줄여진 표현이에요. 그래서 〈stop+to부정사〉는 '~하기 위하여 멈추다'라는 뜻이에요.

> stop + -ing   ~하는 것을 멈추다
> stop + to부정사   ~하기 위해 멈추다

stop 뒤에 동명사가 오는 경우와 to부정사가 오는 경우는 이렇게 뜻이 전혀 다르므로 꼭 구분해서 사용하도록 하세요.

❶ When the professor entered the room, the students **stopped talking**.
교수님이 강의실에 들어오시자 학생들은 얘기 나누는 것을 멈췄다.

❷ When I saw the professor in the hallway, I **stopped to talk** to him.
나는 복도에서 교수님을 보고 그분과 얘기를 하기 위해 멈췄다.

❶번에서 stopped talking은 '이야기하는 것을 멈췄다'이고, ❷번에서 stopped to talk은 '이야기하기 위해 멈췄다'는 뜻이에요. ❷번에서 to talk은 in order to talk으로 바꿔 쓸 수 있어요.

개념 정리 Quiz

1 다음 표현을 해석하세요.

(1) go shopping → _____

(2) go jogging → _____

(3) go skating → _____

2 〈go + -ing〉를 이용하여 문장을 완성하세요.

(1) I like to _____ with you.
나는 너와 함께 등산가는 것을 좋아해.

(2) We should _____ with them.
우리는 그들과 함께 캠핑하러 가야 해.

(3) Who wants to _____ with me?
누가 나와 함께 수영하러 가고 싶니?

3 둘 중 알맞은 것을 고르세요.

(1) Sam often forgets (to turn / turning) off the light.
Sam은 종종 불 끄는 것을 잊어버린다.

(2) I will never forget (to buy / buying) a gift.
나는 선물을 사는 것을 절대 잊지 않을게.

(3) Please remember (to bring / bringing) your ID card!
신분증 가지고 오는 것 기억하세요!

(4) I remember (to meet / meeting) her last year.
나는 작년에 그녀를 만났던 것을 기억한다.

(5) We stopped (to look / looking) at it.
우리는 그것을 바라보는 것을 멈췄다.

(6) I stopped (to read / reading) the sign.
나는 간판을 읽기 위해서 멈췄다.

* turn off (불을) 끄다 ID card 신분증 sign 표지판, 간판

Practice

A ⟨go + -ing⟩를 찾아서 밑줄을 치고, 문장을 해석하세요.

1 I like to go bowling.   *bowl 볼링을 하다
→ _____

2 Who went canoeing?   *canoe 카누를 타다
→ _____

3 I went rollerblading with my friends to the park.   *rollerblade 롤러블레이드를 타다
→ _____

4 In these days, many people enjoy going camping.
→ _____

5 People in Wisconsin go hunting in November.   *hunt 사냥하다
November 11월
→ _____

B 동명사와 to부정사의 쓰임에 주의하면서 문장을 해석하세요.

6 I forgot charging my phone.   *charge 충전하다
→ _____

7 We started to work together.
→ _____

8 You need to remember to fax this by three o'clock.   *fax 팩스를 보내다
→ _____

9 Finally they stopped calling me.   *finally 마침내
→ _____

10 I prefer living in a warm place to living in a cold place.
→ _____

C ⟨go + -ing⟩를 이용해서 다음을 영어로 옮기세요.

11 어떤 사람들은 낚시하러 가는 것을 좋아한다. (fish)

→ Some people like to _____.

12 나는 매주 금요일마다 암벽 등반을 갔다. (rock climb)

→ _____ every Friday.

13 그들은 항해 나갈 준비를 했다. (sail)

→ They prepared to _____.

14 나는 내 친구와 조깅을 하러 갔다. (jog)

→ I _____ with my friend.

15 관광객들은 관광하러 가기 위해서 버스를 탔다. (sightsee)

→ The tourists took a bus to _____.

D 동명사나 to부정사를 이용해서 다음을 영어로 옮기세요.

16 나는 내 전화기에 그녀의 번호를 저장한 것을 기억한다. (save, phone)

→ _____

17 그 할머니는 휴식을 취하기 위해 멈췄다. (old woman, take a rest)

→ _____

18 오후 6시 전에 내게 문자를 보내는 것을 잊지 마. (send, message, p.m.)

→ _____

19 Jason은 시험을 위해서 공부하지 않은 것을 후회했다. (study, test)

→ _____

20 나는 부정적으로 생각하는 것을 멈출 필요가 있어. (need, think, negatively)

→ _____

Study More

동명사를 목적어로 취하는 동사 ①

64~67쪽에서 to부정사를 목적어로 취하는 동사들을 배웠어요. 이번에는 동명사를 목적어로 취하는 동사들을 익혀 봐요. 생활 속에서 자주 사용되는 표현들이므로 이번 기회에 꼭 외워 두세요.

- **Would you mind -ing?** ~하면 안 될까요?
- **stop -ing** ~하는 것을 멈추다 (비교: **stop to** ~하기 위해 멈추다)
- **suggest -ing** ~하는 것을 제안하다
- **finish -ing** ~하는 것을 끝내다
- **admit -ing** ~한 것을 인정하다
- **mention -ing** ~이라고 언급하다
- **quit -ing** ~하는 것을 그만두다
- **resent -ing** ~하는 것에 분개하다
- **deny -ing** ~한 것을 부인하다
- **recall -ing** ~한 것을 생각해 내다
- **resist -ing** ~하지 않으려고 저항하다
- **miss -ing** ~하는 것을 놓치다
- **postpone -ing** ~하는 것을 연기하다
- **try -ing** ~하는 것을 시도하다
- **risk -ing** 위험을 무릅쓰고 ~하다
- **anticipate -ing** ~하리라 예상하다
- **delay -ing** ~하는 것을 미루다[연기하다]
- **cannot help -ing** ~하지 않을 수 없다
- **recollect -ing** (애를 써서) ~한 것을 기억해[생각해] 내다
- **tolerate -ing** ~하는 것을 용인하다

● 모두 외웠나요? 그럼 이제 우리말을 보고 영어로 써 보세요.

1   ~하는 것을 시도하다 _____
2   위험을 무릅쓰고 ~하다 _____
3   ~하는 것을 그만두다 _____
4   ~하지 않을 수 없다 _____
5   ~하는 것에 분개하다 _____
6   ~하는 것을 끝내다 _____
7   ~하는 것을 제안하다 _____
8   ~한 것을 인정하다 _____
9   ~이라고 언급하다 _____
10 ~하는 것을 연기하다 _____
11 ~하는 것을 용인하다 _____
12 ~하리라 예상하다 _____
13 ~하는 것을 미루다[연기하다] _____
14 ~하면 안 될까요? _____
15 ~하는 것을 멈추다 _____
16 ~한 것을 부인하다 _____
17 ~한 것을 생각해 내다 _____
18 ~하지 않으려고 저항하다 _____
19 (애를 써서) ~한 것을 기억해 내다 _____
20 ~하는 것을 놓치다 _____

Study More

동명사를 목적어로 취하는 동사 ②

▶ **practice -ing** ~하는 것을 연습하다

▶ **consider -ing** ~할 것을 고려하다

▶ **keep -ing** 계속해서 ~하다

▶ **complete -ing** ~하는 것을 완료하다

▶ **appreciate + 소유격 + -ing** ~가 ~해 준 것을 감사해하다

▶ **avoid -ing** ~하는 것을 피하다

▶ **recommend -ing** ~할 것을 추천하다[권하다]

▶ **discuss -ing** ~하는 것을 논의하다

▶ **dislike -ing** ~하는 것을 싫어하다

▶ **regret -ing** ~한 것을 후회하다

▶ **forget -ing** ~한 것을 잊어버리다

▶ **remember -ing** ~한 것을 기억하다

▶ **enjoy -ing** ~하는 것을 즐기다

▶ **advise -ing** ~하도록 충고[조언]하다

▶ **love -ing** ~하는 것을 매우 좋아하다 (= love to)

▶ **like -ing** ~하는 것을 좋아하다 (= like to)

▶ **hate -ing** ~하는 것을 싫어하다 (= hate to)

▶ **begin -ing** ~하기 시작하다 (= begin to)

▶ **start -ing** ~하기 시작하다 (= start to)

▶ **prefer -ing** ~하는 것을 더 좋아하다[선호하다] (= prefer to)

▶ **intend -ing** ~할 작정[의도]이다 (= intend to)

▶ **continue -ing** 계속(해서) ~하다 (= continue to)

● 모두 외웠나요? 그럼 이제 우리말을 보고 영어로 써 보세요.

1 ~하기 시작하다 _____
2 ~하는 것을 연습하다 _____
3 ~하는 것을 좋아하다 _____
4 ~할 것을 고려하다 _____
5 계속해서 ~하다 _____
6 ~하도록 충고[조언]하다 _____
7 ~하는 것을 매우 좋아하다 _____
8 ~하는 것을 피하다 _____
9 ~할 것을 추천하다[권하다] _____
10 ~하는 것을 즐기다 _____
11 계속(해서) ~하다 _____
12 ~하는 것을 논의하다 _____
13 ~하는 것을 싫어하다 _____
14 ~하기 시작하다 _____
15 ~하는 것을 더 좋아하다[선호하다] _____
16 ~하는 것을 싫어하다 _____
17 ~한 것을 기억하다 _____
18 ~할 작정[의도]이다 _____
19 ~한 것을 후회하다 _____
20 ~하는 것을 완료하다 _____
21 ~가 ~해 준 걸 감사해하다 _____
22 ~한 것을 잊어버리다 _____

영어 문장을 두 부분으로 나눠라

영어 문장은 아주 간단한 두 개의 구조로 되어 있습니다.
놀랄 만큼 간단한 이 두 개의 구조를 잘 구분할 수 있다면 누구나 영어 문장을 쉽게 쓸 수 있습니다.

① 명사 + 동사

우리말과 영어는 처음 오는 두 단어의 순서가 같습니다. 다시 말해, 세 번째 단어(목적어)를 쓰기 전까지는 어순이 같아요.

I / drive.	They / work.	We / study.
나는 / 운전한다.	그들은 / 일한다.	우리는 / 공부한다.

우리말과 영어 모두 맨 앞에 '누가(명사)'에 해당하는 말이 나오고, 그 다음에 '~하다(동사)'에 해당하는 말이 나옵니다. 좀 더 연습해 볼게요. 우리말 순서와 똑같이 영어로 옮기기만 하면 됩니다.

❶ They / enjoyed.
   그들은 / 즐겼다.

❷ The teachers / emphasized.
   선생님들은 / 강조했다.

❸ The manager / knew.
   매니저는 / 알고 있었다.

❹ We / refunded.
   우리는 / 환불했다.

② 명사 + 동사 + 명사

위 예문과 같이 말하면 그들이 무엇을 즐겼는지, 선생님들이 무엇을 강조했는지, 매니저가 무엇을 알고 있었는지, 우리가 무엇을 환불했는지가 궁금해요.

그래서 '무엇을(명사)'에 해당하는 정보를 알려주는 방법이 있어요. 영어에서는 앞에 나온 두 단어 뒤에 '무엇을'에 해당하는 명사를 붙이기만 하면 됩니다.

❶ They / enjoyed / food.
그들은 / 즐겼다 / 음식을.

❷ The teachers / emphasized / words.
선생님들은 / 강조했다 / 단어들을.

❸ The manager / knew / the result.
매니저는 / 알고 있었다 / 결과를.

❹ We refunded / the clothes.
우리는 / 환불했다 / 옷을.

'무엇을'에 해당하는 단어를 붙였더니 내용을 더 정확하게 전달할 수 있게 됐어요. 위 문장들은 모두 〈명사+동사+명사〉의 구조예요. 이를 좀 더 문법적으로 말하면 〈주어(S)+동사(V)+목적어(O)〉의 구조이고, 이 단어 배열은 영어에서 가장 기본적인 구조(SVO구조)입니다.

③ 명사+동사+명사 / 전치사+명사

세 번째 단어까지 쓴 다음에 문장을 더 길고 자세하게 쓰고 싶다면, 그 뒤에 내용을 순서대로 붙이기만 하면 됩니다.

❶ They / enjoyed / food / from other countries.
그들은 / 즐겼다 / 음식을 / 다른 나라에서 온.

❷ The teachers / emphasized / the words / in Chapter one.
선생님들은 / 강조했다 / 단어들을 / 1과에 있는.

❸ The manager / knew / the result / about the new product.
매니저는 / 알고 있었다 / 결과를 / 새로운 상품에 대한.

❹ We / refunded / the clothes / at the store.
우리는 / 환불했다 / 옷을 / 가게에서.

차근차근 문장 길이를 늘이다 보니 어느새 제법 긴 문장이 만들어졌어요. 이렇게 쓰고 보니 위 문장들은 모두 앞에서 배웠던 '영어에서 가장 이상적인 단어 배열'인 〈명사+동사+명사 / 전치사+명사〉의 구조네요.

④ 생략 가능한 부분 찾기

문장 속 단어 중에서 생략해도 문법이 틀리지 않는 것이 무엇인지 찾아봐요. 이를 찾기 위해서 단어를 하나씩 빼 볼까요?

> ❶ ~~They~~ enjoyed food from other countries.　⊙ 주어가 없어서 말이 안 됨
> ❷ The teachers ~~emphasized~~ the words in Chapter one.
> 　　　　　　　　　　　　　　　　　　　　　⊙ 동사가 없어서 말이 안 됨
> ❸ The manager knew ~~the result~~ about the new product.
> 　　　　　　　　　　　　　　　　　　⊙ 목적어가 없어서 내용 전달이 약함
> ❹ We refunded the clothes ~~at the store~~.　⊙ 문법에 지장이 없음

❶~❸번 문장은 각각 첫 번째 단어(주어), 두 번째 단어(동사), 세 번째 단어(목적어)를 뺐더니 문법적으로 틀리거나 어색한 문장이 돼 버렸어요. 그런데 네 번째 부분(전치사+명사)을 뺀 ❹번은 문법에 전혀 지장이 없어요. 나머지 예문에서도 네 번째 부분을 생략해 볼까요?

> ❺ They enjoyed food ~~from other countries~~.
> 　그들은 음식을 즐겼다.
>
> ❻ The teachers emphasized words ~~in Chapter one~~.
> 　선생님들은 단어들을 강조했다.
>
> ❼ The manager knew the result ~~about the new product~~.
> 　매니저는 결과를 알고 있었다.
>
> ❽ We refunded the clothes ~~at the store~~.
> 　우리는 옷을 환불했다.

위 문장 모두 네 번째 부분(전치사+명사)을 생략해도 전체 문장의 문법에는 전혀 지장이 없어요. 이를 통해 영어는 빼면 문법적으로 틀리는 부분(SVO)이 있고, 빼도 문법적으로 전혀 지장이 없는 부분(전치사+명사)이 있다는 것을 알 수 있어요. 영어 문장은 이렇게 크게 두 부분으로 이루어져 있어요.

⑤ 생략 가능한 부분의 공통점

다음 문장에서 빗금(/) 뒷부분은 빼도 전체 문장의 문법에 지장이 없는 부분이에요. 이렇게 빼도 되는 부분의 공통점이 무엇인지 찾아보세요.

> ❶ They enjoyed food / **from** other countries.
> ❷ The teachers emphasized words / **in** Chapter one.
> ❸ The manager knew the result / **about** the new product.
> ❹ We refunded the clothes / **at** the store.

from, in, about, at은 모두 전치사예요. 즉, 빼도 되는 부분은 모두 〈전치사+명사〉로 이루어져 있어요. 이런 구조를 '**전치사구**'라고 부릅니다. '전치사는 문법에서 자유로운 부분을 시작하는 표시'라는 것을 잘 기억해 두세요.

⑥ 전치사구를 계속 붙일 수 있을까?

전치사구를 쓰면 영어 문장을 길게 쓸 수 있어요. 그럼 위 문장들 뒤에 전치사구를 또 쓸 수 있을까요? 답은 '쓸 수 있다'입니다. 전치사구(전치사+명사)는 문법적으로 자유롭기 때문에 뒤에 몇 번을 써도 전혀 상관이 없어요.

> The teachers emphasized words / in Chapter one.
> → The teachers emphasized words / in Chapter one / **for the test**.
>   선생님들은 단어들을 강조했다 / 1과에 있는 / 시험을 위해.
>
> → The teachers emphasized words / in Chapter one / for the test / **on Monday**.
>   선생님들은 단어들을 강조했다 / 1과에 있는 / 시험을 위해 / 월요일에 있는.
>
> → The teachers emphasized words / in Chapter one / for the test / on Monday / **at school**.
>   선생님들은 단어들을 강조했다 / 1과에 있는 / 시험을 위해 / 월요일에 있는 / 학교에서.

전치사구를 2개, 3개, 4개 등 계속 붙이면서 아주 긴 문장이 만들어졌어요. 이렇게 전치사구는 더 붙여도 문법에 전혀 지장이 없고, 빼도 문법에 전혀 상관이 없습니다.

지금까지 영어 문장은 단 두 개의 부분으로 나뉜다는 점을 배웠어요. 영어 문장은 '문법의 영향을 많이 받는 부분'과 '문법에서 자유로운 부분'으로 나뉜다는 것을 기억하고, 다음 Lesson에서 좀 더 자세히 연습해 봐요.

개념 정리 Quiz

1 〈전치사+명사〉를 사용하면 문장에 어떤 변화가 생기는지 쓰세요.

_____

2 다음을 읽고 알맞은 것을 고르세요.

(1) 문장에 쓰인 〈전치사+명사〉는 생략해도 문법이 틀리지 않는다.   (True / False)

(2) 〈전치사+명사〉는 한 문장 안에서 여러 개를 사용할 수 없다.   (True / False)

3 각 문장에서 문법적으로 꼭 필요한 부분과 생략해도 지장이 없는 부분을 빗금(/)으로 구분하세요.

(1) I sent it on Monday.

(2) I had a stomachache in the morning.

(3) Who moved my file on the desk?

(4) The couple walked along the street lights.

4 다음 글에서 부연 설명하는 부분(빼도 문법적으로 지장이 없는 부분)에 밑줄을 치세요.

> I ordered a T-shirt on the Internet.
> I paid 25 dollars for the shirt.
> I will wear the shirt for my picnic.

5 다음 문장에서 부연 설명인 〈전치사+명사〉는 모두 몇 개인가요?

> I watched a movie with my friend after class on Thursday.

* stomachache 복통   couple (남녀) 한 쌍, 커플   street light 가로등   order 주문하다   after class 방과후에

Practice

A 빗금(/)을 이용해 각 문장을 크게 두 부분으로 나누고 해석하세요.

1. I met her after work.
   → _____

2. I needed help from her.
   → _____

3. We had coffee in the coffee shop near the office.   *office 사무실
   → _____

4. She shared important information with me.   *information 정보
   → _____

5. I took a bus around 9 p.m.   *around ~쯤
   → _____

B 보기에서 알맞은 전치사구를 골라서 문장을 완성하세요.

> to you   in a minute   to the corner   at 6 a.m.

6. 나는 그것을 구석으로 밀었다.
   → I pushed it _____.

7. 그는 1분 안에 많은 문장을 썼다.
   → He wrote many sentences _____.

8. 누가 너에게 그것을 말했니?
   → Who said that _____?

9. 저는 아침 6시에 모닝콜이 필요해요.
   → I need a morning call _____.

LESSON 14 • 129

C 주어진 표현을 어순에 맞게 배열하여 문장을 만드세요.

10 나는 터미널에서 택시를 탔다.

took / at the terminal / a taxi / I

→ _____

11 나는 부산에 가기 위해서 좌석을 예약했다.

a reservation / I / to go to Busan / made / for a seat

→ _____

* make a reservation 예약하다

12 나는 너와 너의 강아지 꿈을 꾸었어.

you and your puppy / I / a dream / had / about

→ _____

13 우리는 가끔 퇴근 후에 동네 식당에서 먹어요.

We sometimes / after work / eat / in a local restaurant

→ _____

14 그녀는 오후 4시쯤에 수다를 떨러 내 사무실에 잠깐 들렀어요.

for a chat / stopped by / around 4 p.m. / she / my office

→ _____

* chat 수다, 잡담

전치사 모르면 영어 못한다

<전치사+명사>는 문법에서 자유롭다 보니 영어 문장에서 아주 많이 사용됩니다. 좀 더 구체적으로 연습하면서 <전치사+명사>를 확실히 내 것으로 만들어 봐요.

① <전치사+명사>는 모든 문장 뒤에 쓸 수 있다

문장 속에서 <전치사+명사>를 어디에 쓸 수 있을까요? 같이 영작하면서 <전치사+명사>의 위치를 알아봐요.

> The video shop / sells.
> 그 비디오 가게는 / 판다.
>
> The video shop / sells / the game pack.
> 그 비디오 가게는 게임팩을 판다.

문법적으로 꼭 필요한 부분(명사+동사+명사)을 먼저 씁니다. 그런 다음 문법으로부터 자유로운 <전치사+명사>를 붙여요.

> The video shop / sells / the game pack / about children's puzzle.
> 그 비디오 가게는 / 판다 / 게임팩을 / 어린이 퍼즐에 관한.
>
> The video shop / sells / the game pack / about children's puzzle / with other video tapes.
> 그 비디오 가게는 / 판다 / 게임팩을 / 어린이 퍼즐에 관한 / 다른 비디오테이프들과 함께.
>
> The video shop / sells / the game pack / about children's puzzle / with other video tapes / for some extra money.
> 그 비디오 가게는 / 판다 / 게임팩을 / 어린이 퍼즐에 관한 / 다른 비디오테이프들과 함께 / 약간의 부수입을 위해.

<전치사+명사>를 3개나 붙였더니 문장이 아주 길어졌어요. 지금도 충분히 길지만 <전치사+명사>의 쓰임을 강조하기 위해 좀 더 붙여 볼게요.

> The video shop / sells / the game pack / about children's puzzle / with other video tapes / for some extra money / after 2 p.m.
> 그 비디오 가게는 / 판다 / 게임팩을 / 어린이 퍼즐에 관한 / 다른 비디오테이프들과 함께 / 약간의 부수입을 위해 / 오후 2시 이후에.

> The video shop / sells / the game pack / about children's puzzle / with other video tapes / for some extra money / after 2 p.m. / **from Monday** / **to Friday**.
> 그 비디오 가게는 / 판다 / 게임팩을 / 어린이 퍼즐에 관한 / 다른 비디오테이프들과 함께 / 약간의 부수입을 위해 / 오후 2시 이후에 / 월요일부터 / 금요일까지.

〈전치사+명사〉를 6개나 붙였어요. 이제 〈전치사+명사〉를 쓰는 위치가 어디인지 짐작이 가나요? 〈전치사+명사〉는 '**모든 문장의 뒤**'에 붙일 수 있어요. 앞으로 〈전치사+명사〉를 쓰고 싶다면 문장 끝에 붙이기만 하세요. 또한 〈전치사+명사〉는 문장 맨 앞에 쓸 수도 있어요. 만약 〈전치사+명사〉를 강조하고 싶다면 문장 맨 앞에 넣으세요.

② 〈전치사 + 명사〉는 모든 명사 뒤에 쓸 수 있다

〈전치사+명사〉는 '**모든 명사 뒤**'에도 쓸 수 있어요. 각 명사 뒤에 〈전치사+명사〉가 있는지 찾아보세요.

> The video shop / sells / the game pack / about children's puzzle / with other video tapes / for some extra money / after 2 p.m. / from Monday / to Friday.

명사 game pack 뒤에는 about children's puzzle이 이미 쓰였고, 명사 puzzle 뒤에는 with other video tapes가 이미 쓰였어요. money 뒤에는 after 2 p.m.이 쓰였고, 2 p.m. 뒤에는 from Monday가 쓰였고, Monday 뒤에는 to Friday가 이미 쓰였어요. 아직 〈전치사+명사〉가 붙어 있지 않은 명사인 video shop 뒤에 〈전치사+명사〉를 붙여 볼까요?

> The video shop / **near the school** / sells / the game pack / about children's puzzle / with other video tapes / for some extra money / after 2 p.m. / from Monday / to Friday.
> 비디오 가게는 / 학교 근처에 있는 / 판다 / 게임팩을 / 어린이 퍼즐에 관한 / 다른 비디오테이프들과 함께 / 약간의 부수입을 위해 / 오후 2시 이후에 / 월요일부터 / 금요일까지.

이렇게 쓰고 보니 school도 명사네요. school 뒤에도 〈전치사+명사〉를 붙여 볼까요?

> The video shop / near the school / on Pico street / sells / the game pack / about children's puzzle / with other video tapes / for some extra money / after 2 p.m. / from Monday / to Friday.
>
> 비디오 가게는 / 학교 근처에 있는 / 피코 가의 / 판다 / 게임팩을 / 어린이 퍼즐에 관한 / 다른 비디오테이프들과 함께 / 약간의 부수입을 위해 / 오후 2시 이후에 / 월요일부터 / 금요일까지.

한 문장에서 〈전치사+명사〉가 무려 8개나 사용됐어요. 〈전치사+명사〉는 이렇게 모든 명사 뒤에도 사용할 수 있어요.

③ 〈전치사+명사〉의 이상적인 개수는?

〈전치사+명사〉를 사용하면 긴 문장을 만들 수 있지만, 평상시에 위 문장처럼 말하면 너무 길어서 대화하기 어렵다는 단점이 있어요. 평상시에는 한 문장 안에 〈전치사+명사〉를 한두 개 정도만 쓰고, 최대 세 개를 넘기지 않는 것이 좋습니다. 그럼 앞에서 만든 긴 문장을 〈전치사+명사〉가 1~2개인 짧은 문장으로 나눠 볼까요?

> The video shop sells the game pack **about children's puzzle**.
> 그 비디오 가게는 어린이 퍼즐에 관한 게임팩을 판다.
>
> It sells the game pack **with other video tapes**.
> 그곳에서는 다른 비디오테이프와 함께 게임팩을 판다.
>
> I think they sell the game pack **for some extra money**.
> 내 생각에 그들은 약간의 부수입을 위해서 게임팩을 파는 것 같다.
>
> They sell **after 2 p.m**.
> 그들은 오후 두 시 이후에 판매를 한다.
>
> The shop is open **from Monday to Friday**.
> 그 가게는 월요일부터 금요일까지 영업을 한다.
>
> The shop is **near the school** and it is **on Pico street**.
> 그 가게는 학교 근처에 있고 피코 가에 있다.

훨씬 읽기 편한 문장들이 됐어요.

④ 영어 문장은 두 부분으로 나뉜다

굉장히 어렵고 복잡한 줄 알았던 영어 문장이 사실은 단순하게 두 부분으로 이루어지고, 전치사가 큰 역할을 한다는 것을 알게 됐어요.

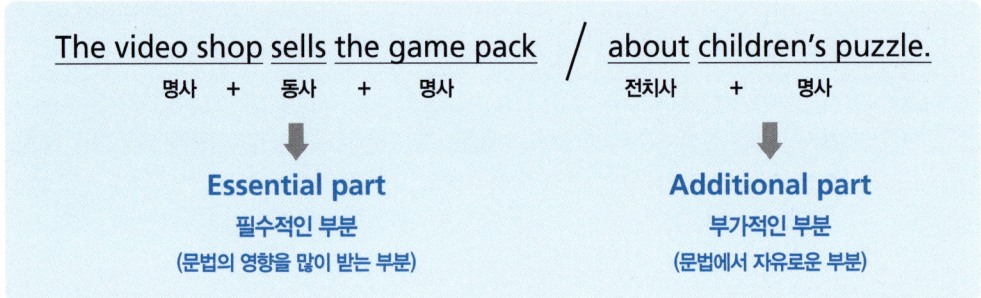

영어 문장에서 문법의 영향을 많이 받는 〈명사+동사+명사〉를 Essential part(필수적인 부분)라고 부르고, 문법에서 자유로운 〈전치사+명사〉를 Additional part(부가적인 부분)라고 불러요. 영어 문장은 이렇게 Essential part와 Additional part로 나누어져요. 따라서 우리말을 영어로 옮길 때는 무엇을 Essential part로 보내고, 무엇을 Additional part로 보낼지 먼저 생각해 보세요. 그럼 보다 쉽게 영작할 수 있어요.

⑤ 영어를 잘하기 위한 필살기 〈전치사 + 명사〉

'영어에서 가장 이상적인 단어 배열'을 다시 한 번 확인해 봐요.

명사 + 동사 + 명사 / 전치사 + 명사

영어에서 맨 먼저 나오는 단어는 '명사(주어)'이고, 두 번째 나오는 단어는 '동사'입니다. 세 번째 나오는 단어는 '명사(목적어)'이고, 그 뒤에 〈전치사+명사〉를 붙이면 됩니다. 이 단어 배열을 따라서 영작해 봐요.

❶ 나는 거리에서 그녀를 봤다.
I saw her / on the street.
명사 동사 명사 전치사 명사

❷ 나는 극장에서 그 영화를 봤다.
I saw the movie / in the theater.
명사 동사 명사 전치사 명사

❸ 나는 책 속의 단어들에 밑줄을 쳤다.
   I underlined the words / in the book.
   명사 동사   명사   전치사 명사

❹ 나는 주머니에 돈이 있다.
   I have money / in my pocket.
   명사 동사 명사 전치사 명사

❺ 우리는 일요일에 파티가 있다.
   We have a party / on Sunday.
   명사 동사 명사   전치사 명사

❻ 나는 오후 2시쯤에 교통사고가 났다.
   I had a car accident / around 2 p.m.
   명사 동사   명사   전치사   명사

❼ 나는 서점에서 책을 샀다.
   I bought a book / at a bookstore.
   명사 동사   명사   전치사   명사

이와 같이 〈명사+동사+명사 / 전치사+명사〉라는 단어 배열만 따르면 아주 쉽게 영작할 수 있어요. 따라서 여러분이 영어를 잘하고 싶으면 이 단어 배열에 익숙해져야 합니다. 영어 문장을 길게 쓰고 싶나요? 그럼 〈전치사+명사〉를 많이 사용하세요. 〈전치사+명사〉를 잘 사용하려면 전치사를 많이 알아야겠죠? 다음 Lesson에서는 생활 속에서 많이 쓰이는 전치사를 공부해 봐요.

개념 정리 Quiz

1 영어에서 가장 이상적인 단어 배열(영어의 가장 기본적인 문장구조)을 쓰세요.

_____

2 〈전치사+명사〉를 써서 문장에 일어나는 변화를 두 개 고르세요.

① 주어를 대신할 수 있다.
② 문장을 길고 자세하게 쓸 수 있다.
③ 명사에 대해 보충 설명할 수 있다.
④ 문장을 짧게 줄일 수 있다.

3 〈전치사+명사〉를 쓸 수 있는 위치를 두 개 고르세요.

① 모든 형용사 뒤에　　　　② 모든 명사 뒤에
③ 모든 부사 뒤에　　　　　④ 모든 문장 뒤에

4 다음 문장에 쓰인 〈전치사+명사〉를 찾아서 그 개수를 쓰세요. _____

> During the summer vacation, I visited Jeju island with my friends and stayed there for 5 days in a guesthouse.

5 각 문장에서 **Essential part**(필수적인 부분)와 **Additional part**(부가적인 부분)를 빗금(/)으로 구분하세요.

(1) He did this for me.

(2) What happened to them?

(3) I know the answer for the question.

(4) I always go to the park after dinner.

(5) The global warming causes problems in our nature.

---

* island 섬　stay 머물다　guesthouse 게스트하우스　global warming 지구 온난화　cause 야기하다　nature 자연

Practice

A 〈전치사+명사〉를 찾아서 밑줄을 치고, 문장을 해석하세요.

1 My mom made a cake for my birthday.
→ _____

2 We had a great time on Christmas day.
→ _____

3 Who helped you with money?
→ _____

4 The visitors liked the souvenir in the display stand.   *souvenir 기념품
display stand 진열대
→ _____

5 People go jogging along the river in the morning.
→ _____

B 〈전치사+명사〉를 붙여서 문장을 완성하세요.

6 나는 이 프로젝트를 위해 네가 필요해. (project)
→ I need you _____.

7 그는 회의 이후에 공장을 방문했다. (meeting)
→ He visited the factory _____.

8 너는 아침에 수영을 하러 갈 필요가 있다. (morning)
→ You need to go swimming _____.

9 나는 그 극장에서 내 친구들과 영화를 봤다. (friends, theater)
→ I watched a movie _____.

10 나는 월요일에 길에서 1달러를 발견했다. (street, Monday)
→ I found a dollar _____.

C 영어의 가장 이상적인 단어 배열(영어의 가장 기본적인 문장구조)을 이용하여 다음을 영어로 옮기세요.

11 그들은 오전 9시에 가게를 연다. (open, store, a.m.)

→ _____

12 나는 모임 전에 너의 이메일을 읽었어. (read, email, meeting)

→ _____

13 누군가가 이른 아침에 문을 두드렸다. (somebody, knock, early morning)

→ _____

14 나는 나 혼자 10분 안에 그것을 끝낼 수 있다. (finish, minute, by myself)

→ _____

15 그는 나에게 예쁜 크리스마스카드와 함께 꽃을 보냈어요. (send, flowers, lovely)

→ _____

Study More

글 속에서 <전치사 + 명사> 확인하기

<전치사 + 명사>를 쓰기 전의 글과 쓰고 난 후의 글을 비교해 보세요.

Before

Many people saw the movie "Psycho." Actress Janet Leigh portrayed a woman. The woman was brutally murdered. The man stabbed her many times. She screamed. The viewers still heard her scream. The scream echoed.

Janet Leigh had the same experience. She heard her own scream. She could not take a shower until she died. People learn fears and phobias. Most people exaggerate fears and phobias. We know this very well, but fear.

많은 사람들은 영화 〈Psycho〉를 보았다. 여배우 Janet Leigh는 한 여자의 역할을 맡아 연기했다. 그 여자는 잔인하게 살해를 당했다. 남자는 그녀를 (칼로) 여러 번 찔렀다. 그녀는 비명을 질렀다. 관람객들은 여전히 그녀의 비명 소리를 들었다. 그 비명 소리는 메아리쳤다.

Janet Leigh는 똑같은 경험을 했다. 그녀는 자기 자신의 비명 소리를 들었다. 그녀는 죽을 때까지 샤워를 할 수 없었다. 사람들은 두려움과 공포심을 배운다. 대부분의 사람들은 두려움과 공포심을 과장한다. 우리는 이것을 아주 잘 알면서도 두려워한다.

* portray 연기하다 brutally 잔인하게 murder 살해하다 stab (칼로) 찌르다 scream 비명을 지르다 echo 메아리치다
take a shower 샤워하다 fear 두려움 phobia 공포 exaggerate 과장하다

After

Many people **around us** saw the movie "Psycho" **at the theater** or **at home**. Actress Janet Leigh **in this picture** portrayed a woman **in the movie**. The woman **in the movie "Psycho"** was brutally murdered **by a man**. The man **with a knife** stabbed her many times. She screamed **with fear in this bloody scene**. **After the movie**, the viewers still heard her scream. The scream echoed **in the viewers' ears**.

Janet Leigh had the same experience **like the others**. She heard her own scream. She could not take a shower until she died **on October 4, 2004 at the age of 77**. People learn fears and phobias **from their parents, movies, TV, books, and close friends**. Most people exaggerate fears and phobias **about insects, animals, and even daily items**. We know this very well, but fear.

우리 주변의 많은 사람들은 극장이나 집에서 영화 〈Psycho〉를 보았다. 이 사진에 있는 여배우 Janet Leigh는 그 영화에서 한 여자의 역할을 맡아 연기했다. 영화 〈Psycho〉에서 그 여자는 한 남자에 의해 잔인하게 살해를 당했다. 칼을 가진 남자는 그녀를 (칼로) 여러 번 찔렀다. 그녀는 이 피투성이의 장면에서 두려움에 비명을 질렀다. 영화가 끝난 후, 관람객들은 여전히 그녀의 비명 소리를 들었다. 그 비명 소리는 관람객들의 귀에서 메아리쳤다.

Janet Leigh는 다른 사람들처럼 똑같은 경험을 했다. 그녀는 자기 자신의 비명 소리를 들었다. 그녀는 77세의 나이로 2004년 10월 4일에 죽을 때까지 샤워를 할 수 없었다. 사람들은 자신의 부모, 영화, TV, 책, 그리고 친한 친구들에게서 두려움과 공포심을 배운다. 대부분의 사람들은 벌레, 동물, 심지어는 일상적인 물건들에 대한 두려움과 공포심을 과장한다. 우리는 이것을 아주 잘 알면서도 두려워한다.

〈전치사+명사〉를 사용한 글이 훨씬 길고 자세한 것을 알 수 있어요. 앞으로 여러분도 말을 하거나 글을 쓸 때 〈전치사+명사〉를 사용하여 말과 글을 보다 화려하게 만들어 보세요.

* bloody scene 피가 튀는 장면 insect 곤충 daily item 일상생활 용품

모르면 말 못하는 생활 속 전치사 ①

전치사가 영어 실력에 얼마나 큰 영향을 미치는지 배웠는데, 아는 전치사가 얼마 없다면 사용에 한계가 있겠지요. 이번에는 생활 속에서 자주 사용하는 다양한 전치사에 대해 공부해 봐요.

전치사만 혼자서 쓰이는 경우는 거의 없습니다. 전치사 뒤에는 항상 명사를 쓰므로 〈전치사+명사〉를 하나의 덩어리로 외워 놓으세요.

- 그 문제에 대해서 → **about** the problem
  about the question
- 그 가치 이상으로 → **above** the value

시험문제 같이 특정 답을 묻는 문제는 question이라고 하고, 상황에 따른 유연한 해결책을 찾는 문제는 problem이라고 해요.

- 길을 건너서 → **across** the street
- 점심 식사 후에 → **after** lunch

cross는 '건너다'라는 동사이고, '~을 건너서'라는 전치사는 across예요. the building across the street이라고 하면 '길 건너편에 있는 건물'이라는 뜻이 돼요.

* **after** meeting 모임 후에
  after work 일한 후에, 퇴근 후에

- 그 문에 기대어 → **against** the door
- 나에게 반대하여 → **against** me

against는 '~에 기대어'라는 뜻도 있고, '~에 반대하여'라는 뜻도 있어요. 간단한 생활영어 표현으로 In or against?(우리 편이야, 아니야?)라는 표현도 같이 알아두세요. 또는 Are you with me or against me?(너 나한테 찬성해, 아니면 반대해?)라고 물어볼 수도 있어요.

- 그 강을 따라서 → **along** the river
- 내 주위에[주변에] → **around** me

around는 '~ 주위에'라는 뜻도 있고 '~쯤', '약 ~'라는 뜻도 있어요.

* **along** the street 길을 따라서   **along** the street lights 가로등을 따라서
  along the line 줄을 따라서
* **around** the waist 허리 주위에   **around** my neck 내 목 주위에
  around my house 우리 집 주위에   **around** two o'clock 2시쯤에

- 너의 직장에서 (장소) → **at** your work
- 2시 정각에 (시간) → **at** 2 o'clock

at your work에서 at은 '~에서'라는 장소를 나타내고, at 2 o'clock에서 at은 '~에'라는 시간을 나타내요. 시간도 우리가 살고 있는 특정 공간으로 보기 때문에 장소를 말하는 at을 사용해요.

- 일몰 전에 → **before** sunset
- 내 뒤에 → **behind** me

* **behind** the car 차 뒤에서   **behind** the veil 베일 뒤에서

- 그 탁자 아래에 → **below** the table
- 그 표면 바로 밑에 → **beneath** the surface

영어에는 '아래'를 나타내는 단어가 많습니다. 바닥 수준의 아래는 under, 표면 바로 밑은 beneath, 그 중간 정도의 아래는 below 라고 해요. 경사진 길에서 위를 바라볼 때는 up, 아래를 바라볼 때는 down이라고 해요.

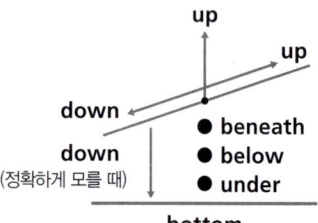

* **below** 90 TOEFL score 토플 90점 아래
* **below** zero 영하

- 내 차 옆에 → **by / beside / next to** my car

영어에는 '~ 옆에'를 나타내는 단어가 3개 있습니다. next to는 바로 옆에 붙어 있는 것으로 by보다 더 가까운 위치를 나타내요. by와 beside는 거의 같다고 보면 돼요.
Sit by me.와 Sit next to me. 중 어느 것이 더 가까이 앉으라는 걸까요? 바로 next to를 쓴 문장이에요. '(옆에 바로) 붙어 있는 방'을 달라고 할 때 next to를 써서 Can I have the rooms next to each other?(서로 나란히 붙어 있는 방으로 잡을 수 있을까요?)과 같이 말하면 됩니다.

- 너와 나 사이에 → **between** you and me (= between us)
- 우리의 능력을 넘어서 → **beyond** our ability

영어는 '~을 넘어서'를 두 가지로 구분합니다. 넘어서 어디까지 갈지 아는 경우에는 over를 사용하고, 넘어서 어디까지 갈지 모르는 경우에는 beyond를 씁니다. 따라서 '우리의 능력을 넘어서'는 어디까지 가야 끝이 날지 모르는 일, 그래서 현재 능력으로는 할 수 없는 일을 말하므로 beyond를 써서 beyond our ability라고 하는 게 어울립니다.

- 정오까지 → **by / till / until** noon

by는 '~옆에'라는 뜻 외에 '~까지'라는 뜻도 있어요. 영어에는 '~까지'를 나타내는 전치사가 3개 있어요. by → till → until의 순서로 점점 더 정중한 표현이라고 보면 됩니다. Come back by one o'clock.보다 Come back until one o'clock.의 어감이 더 세서 꼭 한 시까지 가야 할 것 같은 느낌을 더 강하게 줍니다.

- 교통 체증에도 불구하고 → **despite** the traffic jams
- 그 길 (따라) 아래로 → **down** the street

'~에도 불구하고'라는 뜻으로 despite 외에 in spite of도 쓸 수 있어요. 두 표현을 섞어서 despite of라고 쓰는 실수를 자주 하는데 이런 표현은 쓰지 않으니 주의하세요.

   * **despite** the difficulties 어려움에도 불구하고

- 그 방학 동안에[중에] → **during** the vacation
- 10년 동안 → **for** 10 years
- 나 자신을 위해서 → **for** myself

for와 during은 모두 '~동안'이라는 뜻이에요. for는 시간의 길이를 나타내므로 뒤에 구체적인 숫자가 나오는 반면, during 뒤에는 특정한 상황이나 사건이 와요. during 뒤에 숫자를 쓰지 않도록 주의하세요.

- 1999년에 (연도) → **in** 1999
- 초겨울에 (계절) → **in** early winter
- 9월에 (월) → **in** September
- Kelly에게서 (출발지, 출처, 기원) → **from** Kelly

연도 앞에, 계절 앞에, 월 앞에 모두 in을 사용합니다. 표현을 통째로 입에 익혀 두세요.

* **in** early summer 초여름에
* **in** late winter 늦겨울에

개념 정리 Quiz

- 빈칸에 알맞은 전치사를 넣으세요.

    (1) 길을 건너서   → _____ the street

    (2) 그 강을 따라   → _____ the river

    (3) 9월에   → _____ September

    (4) 2시 정각에   → _____ 2 o'clock

    (5) 내 뒤에   → _____ me

    (6) 그 표면 바로 밑에   → _____ the surface

    (7) 1999년에   → _____ 1999

    (8) 우리의 능력을 넘어서는 → _____ our ability

    (9) 너의 직장에서   → _____ your work

    (10) 교통 체증에도 불구하고 → _____ the traffic jam

    (11) 그 문에 기대어   → _____ the door

    (12) 10년 동안   → _____ 10 years

    (13) 일몰 전에   → _____ sunset

    (14) 너와 나 사이에   → _____ you and me

    (15) 그 방학 동안에   → _____ the vacation

    (16) Kelly에게서   → _____ Kelly

    (17) 초겨울에   → _____ early winter

    (18) 그 가치 이상으로   → _____ the value

    (19) 나 자신을 위해서   → _____ myself

    (20) 내 주위에   → _____ me

Practice

A 〈전치사+명사〉를 찾아서 밑줄을 치고, 문장을 해석하세요.

1 In 1950, the Korean War began at dawn.   *dawn 새벽

→ _____

2 I am waiting for a bus for one hour.

→ _____

3 I need it by Tuesday at ten.

→ _____

4 Somebody piled them behind the door.   *pile (차곡차곡) 쌓다

→ _____

5 The store at Times Square opens at 9 a.m. during the week.

→ _____

B 〈전치사+명사〉를 붙여서 문장을 완성하세요.

6 나는 버스 정거장에서 그녀를 만났다. (bus stop)

→ I met her _____.

7 시험 보는 동안 서로 얘기하지 마세요. (test)

→ Don't talk to each other _____.

8 나는 문과 벽 사이에서 내 지갑을 찾았다. (door, wall)

→ I found my wallet _____.

9 나무들이 길을 따라 자라고 있다. (street)

→ Trees are growing _____.

10 우리는 교통체증에도 불구하고 더 일찍 도착했다. (traffic jam)

→ We arrived earlier _____.

C 〈전치사+명사〉를 이용해서 단계별로 영작해 보세요.

11 (1) 우리는 간다. (go)
→ _____

(2) 우리는 등산을 간다. (hiking)
→ _____

(3) 우리는 9월에 등산을 간다. (September)
→ _____

12 (1) 나는 요리했다. (cook)
→ _____

(2) 나는 볶음밥을 요리했다. (fried rice)
→ _____

(3) 나는 저녁으로 볶음밥을 요리했다. (dinner)
→ _____

(4) 나는 세 명을 위해 저녁으로 볶음밥을 요리했다. (three)
→ _____

(5) 나는 세 명을 위해 저녁으로 단 5분 만에 볶음밥을 요리했다. (minute)
→ _____

13 (1) 그는 방문했다. (visit)
→ _____

(2) 그는 그 장소를 방문했다. (place)
→ _____

(3) 그는 그 장소를 3시쯤에 방문했다. (o'clock)
→ _____

(4) 그는 그 장소를 3시쯤에 다른 사람들과 함께 방문했다. (other people)
→ _____

D 주어진 표현을 이용해 다음을 영어로 옮기세요.

14 모두 정오까지 그것을 제출했어요. (everyone, submit, noon)
→ _____

15 나는 그에게 불리한 증거를 가지고 있다. (evidence)
→ _____

16 그녀는 그에게서 아이디어를 얻었다. (get an idea)
→ _____

17 사람들은 우리 주변으로 모여들었다. (gather)
→ _____

18 나는 무릎 밑쪽을 씻었어. (wash, knee)
→ _____

19 우리는 쉬는 시간 후에 다시 시작할 거야. (start, the break time)
→ _____

20 우리는 그 문제에 대해서 생각했다. (think, problem)
→ _____

21 나는 평균 이상의 성적을 받았다. (receive, score, average)
→ _____

22 나는 항상 오후 2시에 커피 한잔을 한다. (have, a cup of coffee)
→ _____

23 낯선 여자가 내 바로 옆에 앉았다. (strange, sit)
→ _____

모르면 말 못하는 생활 속 전치사 ②

알고 있는 전치사의 개수가 많을수록 문장을 더욱 화려하고 길게 쓸 수 있다는 점을 명심하면서 이번 시간에도 다양한 전치사를 좀 더 익혀 봐요.

다음 전치사들을 뒤에 나오는 명사와 함께 통째로 외워 두세요.

- 미래/현재/과거에 → **in** the future/present/past
- 아침/오후/저녁에 → **in** the morning/afternoon/evening
- 밤에 → **at** night
- 21세기에 → **in** the 21st century

'저녁에'는 in을 써서 in the evening이라고 하고 '밤에'는 at을 써서 at night라고 해요. 저녁(6시~9시)과 밤(9~12시, 휴식, 잠자는 시간)은 상황이 많이 다르기 때문에 전치사도 다른 것을 사용해서 구분해 주는 거예요. '세기'를 말할 때는 항상 the를 쓴다는 것도 같이 기억해 두세요.

- 화장실 안에 → **in** the restroom
- 그 방 안으로 → **into** the room

in(~안에)은 이미 들어가 있는 상태를 나타내고 into(~안으로)는 들어가고 있는 상태를 나타낸다는 차이가 있어요. 또 in은 '~후에'라는 뉘앙스로 자주 쓰입니다. 그래서 I will see you in 10 minutes.를 '10분 후에 보자'라고 해석할 수 있어요.

restroom과 bathroom은 어떻게 다를까요? restroom은 공공의 개념이고 bathroom은 개인 소유의 개념이에요. 따라서 극장이나 공원에서 화장실이 어디냐고 물어보려면 Where is the restroom? 이라고 해야 하고, 집에서 물을 때는 Where is the bathroom? 이라고 하면 됩니다.

- 그들처럼 → **like** them

like는 '좋아하다'라는 동사로도 쓰이고, '~처럼'이라는 전치사로도 쓰여요. 가장 이상적인 단어배열(명사+동사+명사 / 전치사+명사)에서 동사 자리에 쓰였다면 '좋아하다'라는 뜻으로 해석하고, 전치사 자리에 쓰였다면 '~처럼'으로 해석하면 됩니다.

* I <u>like</u> that <u>like</u> them. 나는 그들처럼 그것을 좋아한다.
      동사   전치사

- 주유소 근처에 → **near** the gas station

차에 넣는 기름을 우리는 액체로 여기지만, 영어권에서는 가스로 여기기 때문에 '주유소'를 gas station이라고 합니다.

* **near** my house 우리 집 근처에   **near** the school 학교 근처에
  near me 내 근처에   **near** this building 이 건물 근처에

- 여인의 향기 → the scent **of** a woman

위 표현은 a woman's scent라고 쓸 수도 있어요. 그런데 굳이 the scent of a woman이라고 쓴 이유는 더 강조해서 말하기 위해서예요. 이게 바로 of의 뉘앙스예요. 따라서 강조하고 싶을 때는 of를 사용해 보세요. 또 of는 강조의 뉘앙스인 the와 함께 쓰일 때가 많다는 것도 함께 알아두세요.

* the love **of** parents 부모님의 사랑 (= parents' love)
  the economy **of** Korea 한국의 경제 (= Korea's economy)
  the street **of** Hollywood 할리우드의 거리 (= Hollywood's street)

- 너의 무릎 위에 → **on** your lap
- 수요일에 → **on** Wednesday
- 수요일 아침에 → **on** Wednesday morning

연도와 월 앞에는 in을 썼던 것 기억하죠? 하지만 요일 앞에는 on을 쓴다는 것에 주의하세요. 또 '아침에'는 in the morning이라고 하지만, '수요일 아침에'는 on을 써서 on Wednesday morning이라고 합니다. in Wednesday morning이라고 하지 않도록 주의하세요.

* **on** Tuesday 화요일에   **on** Thursday evening 목요일 저녁에

- 차 밖으로 → **out of** the car
- 관심 밖에 → **out (of)** the concern

'〜밖에'는 out 또는 out of로 표현해요. of를 쓴 쪽이 좀 더 격식 있고 강조된 표현이에요.

* **out of** control 통제에서 벗어난, 통제 불능의

- 논점에서 벗어나 → **off** the point
- 언덕 너머 → **over** the hill

넘어서 도달할 곳의 위치를 알고 있는 경우에는 over를 쓰고, 도달할 곳의 위치가 까마득하거나 알 수 없는 경우에는 beyond를 쓴다고 앞에서 말했었죠. '언덕'의 경우에는 그 너머의 위치를 대강 알고 있는 경우가 대부분이기 때문에 over를 쓴 거예요. over the cloud(구름 너머), over the rainbow(무지개 너머)는 구름이나 무지개 너머 뭔가가 있을 거라고 상상하면서 쓰는 표현이기 때문에 over를 쓴 거예요.
Come here!(이리 와!)와 Come over here!(이쪽으로 와!)의 차이는 뭘까요? Come here!는 내 음성을 들을 수 있도록 가까이 오라는 말이고, Come over here!는 내가 말하는 지점이나 위치로 정확히 건너오라는 말이에요. over가 추가되면서 좀 더 정확한 위치를 지정하는 느낌을 줘요.

- 7시 이후로 → **since** 7 o'clock

since는 '~이후로', '~이래로'라는 뜻으로서, 3권에서 배우게 될 '완료형 (I have studied since 7 o'clock. 나는 7시 이후로 지금까지 공부했다.)'과 함께 쓰일 때가 많아요.

- 그 문을 통해 → **through** the door
- 그의 삶 전체에 걸쳐서 → **throughout** his life

through는 한쪽 끝에서 다른 쪽 끝으로 통과하거나 관통하는 의미예요. through에 out이 붙은 throughout은 통과해서 빠져나가는 느낌이에요. 그래서 through는 '~을 통해', '~을 관통하여'라는 뜻이고, throughout은 '~동안 죽, ~내내, ~전체에 걸쳐서'라는 뜻으로 시간과 공간 범위가 더 포괄적이에요.

* **through** me 나를 통해   **through** the travel 그 여행을 통해
  through the test 그 시험을 통해   **throughout** my experience 내 경험 전체에 걸쳐서
  throughout the year 일 년 내내   **throughout** the country 전국 도처에, 전국 방방곡곡에

- 너에게 → **to** you
- 우리를 향하여 → **toward** us

방향을 나타내는 대표적인 전치사는 to예요. to는 '~에게, ~로'라는 뜻이고, toward는 '~을 향하여'라는 뜻이에요. to에 비해서 toward는 목적을 가지고 좀 더 노력해서 가는 뉘앙스를 줍니다.

* Let's go **to** the island. 그 섬에 가자.   ○ 그 섬 쪽으로 방향을 잡자는 의미
* Let's go **toward** the island. 그 섬으로 가자.   ○ 반드시 그 섬에 도착하자는 의미

- 몇 년 안에[내에]   →   **within** a few years
- 아무 걱정 없이   →   **without** any worries

밖에서 안을 볼 때는 보통 in을 사용하고, 더 안쪽을 강조할 때는 within을 사용합니다. I finished it in three years.와 I finished it within three years.의 차이는 무엇일까요? in three years를 쓰면 일반적으로 걸리는 시간이 3년이라는 말이고, within three years를 쓰면 원래는 더 오래 걸리는데 노력해서 3년 안에 끝냈다고 강조하는 표현이 됩니다.

개념 정리 Quiz

- 빈칸에 알맞은 전치사를 넣으세요.

    (1) 아침에 → _____ the morning

    (2) 수요일에 → _____ Wednesday

    (3) 수요일 아침에 → _____ Wednesday morning

    (4) 밤에 → _____ night

    (5) 차 밖으로 → _____ the car

    (6) 21세기에 → _____ the 21st century

    (7) 주유소 근처에 → _____ the gas station

    (8) 그 문을 통하여 → _____ the door

    (9) 우리를 향하여 → _____ us

    (10) 그들처럼 → _____ them

    (11) 너에게 → _____ you

    (12) 그의 삶 전체에 걸쳐서 → _____ his life

    (13) 몇 년 안에 [강조] → _____ a few years

    (14) 아무 걱정 없이 → _____ any worries

    (15) 논점에서 벗어나 → _____ the point

    (16) 언덕 너머 → _____ the hill

    (17) 화장실 안에 → _____ the restroom

    (18) 그 방 안으로 → _____ the room

    (19) 너의 무릎 위에 → _____ your lap

    (20) 여인의 향기 → the scent _____ a woman

Practice

A 〈전치사+명사〉를 찾아서 밑줄을 치고, 문장을 해석하세요.

1 The picture on the wall costs 200 dollars. 　　　　* cost 비용이 들다

   → _____

2 You look great with that shirt. 　　　　* look great 좋아 보이다

   → _____

3 In the past, only a few people visited Las Vegas in the USA.

   → _____

4 A dirt came into my eye and my eye turned (to) red. 　　　* dirt 먼지
   　　　　　　　　　　　　　　　　　　　　　　　　　　　　 turn to ~로 변하다

   → _____

5 The shop near my house sells various organic food on Thursday and on Friday. 　　　　* various 다양한 organic 유기농의

   → _____

B 〈전치사+명사〉를 붙여서 문장을 완성하세요.

6 나는 네 어깨 너머로 그 문자를 봤다. (shoulder)

   → I saw the text message _____.

7 너는 이 목록에서 사람들의 이름을 찾을 수 있어. (list)

   → You can find the names of people _____.

8 토요일 아침에, 나에게 문자를 먼저 보내줘.

   → _____, send a text message to me first.

9 그 상황은 통제 불능이 되었어요. (control)

   → The situation became _____.

10 나는 달려가서 그 의자를 뛰어넘었다. (chair)

   → I ran and jumped _____.

C 〈전치사+명사〉를 이용해서 단계별로 영작해 보세요.

11 (1) 그들은 한다. (do)

→ _____

(2) 그들은 그것을 한다. (that)

→ _____

(3) 그들은 사람들을 위해서 그것을 한다. (people)

→ _____

(4) 그들은 사람들을 위해서 불평 없이 그것을 한다. (complaint)

→ _____

12 (1) 나는 보았다. (see)

→ _____

(2) 나는 그 남자를 보았다. (man)

→ _____

(3) 나는 공원에서 그 남자를 보았다. (park)

→ _____

(4) 나는 공원에서 오전 7시부터 9시 사이에 그 남자를 보았다. (a.m.)

→ _____

(5) 나는 내 친구 Jenny와 함께 공원에서 오전 7시부터 9시 사이에 그 남자를 보았다. (friend)

→ _____

13 (1) 그는 가르친다. (teach)

→ _____

(2) 그는 영어를 가르친다. (English)

→ _____

(3) 그는 그 학생에게 영어를 가르친다. (student)

→ _____

(4) 그는 도서관에서 그 학생에게 영어를 가르친다. (library)

→ _____

(5) 그는 도서관에서 그 학생에게 두 시간 동안 영어를 가르친다. (hour)

→ _____

14 (1) 나는 확대했다. (enlarge)

→ _____

(2) 나는 그 사진을 확대했다. (picture)

→ _____

(3) 나는 사진관에서 그 사진을 확대했다. (photo shop)

→ _____

(4) 나는 우리 집 근처에 있는 사진관에서 그 사진을 확대했다. (house)

→ _____

(5) 나는 우리 집 근처에 있는 사진관에서 생일 선물을 위해서 그 사진을 확대했다. (birthday gift)

→ _____

(6) 나는 목요일에 우리집 근처에 있는 사진관에서 생일 선물을 위해서 그 사진을 확대했다. (Thursday)

→ _____

D 주어진 표현을 이용해 다음을 영어로 옮기세요.

15 나는 이번 여행을 통해서 많이 배웠다. (learned, travel)
→ _____

16 나는 시간과 장소를 손바닥에 적었다. (time, place, palm)
→ _____

17 그는 담을 타고 넘어갔다. (climbed, wall)
→ _____

18 나는 유리창에 있는 얼룩을 제거했어요. (removed, stains, window)
→ _____

19 그들은 그 건물을 3개월 만에 완성했다. [강조] (completed, building, month)
→ _____

20 찬바람이 방 안으로 들이쳤다. (wind, blew, room)
→ _____

21 나도 역시 그들처럼 일했다. (worked, too)
→ _____

22 우리는 학교 근처에 있는 영화관에 갔다. (movie theater, school)
→ _____

23 나의 고양이는 종종 내 무릎 위에서 잔다. (often, sleep, lap)
→ _____

24 어떤 승객들은 차 밖으로 뛰어 나갔다. (passenger, ran out, car)
→ _____

E 주어진 어순에 맞춰 다음을 영어로 옮기세요.

25. 회사들은 / 무시했다 / 환경을 / 그 경고에도 불구하고
    (compay, ignore, environment, warning)

    → _____

26. 나는 / 배달한다 / 피자를 / 차이나타운으로 / Nick과 함께 / 자전거로 / 수업 후에
    (deliver, Chinatown, class)

    → _____

27. 잠시 후에 / 학생들이 / 들어올 거야 / 왼쪽 문을 통해서 / 한 명씩
    (a moment, enter, left door, one by one)

    → _____

28. 나는 / 먹었다 / 타코를 / 점심으로 / 수업 전에 / 구내매점에서 / 도서관 옆에 있는
    (have, taco, class, cafeteria)

    → _____

29. 일광욕은 / 남긴다 / 다양한 흉터를 / 사람의 피부 위에 / 몇 분 안에
    (sunbath, leave, various scars, human skin, minute)

    → _____

30. 우리는 / 만나서 얘기했다 / 그 사람과 / 책임이 있는 / 이 일에 대해서
    (meet, talk, person, in charge)

    → _____

3초면 알 수 있는 부사 자리

LESSON 18

이번 시간에는 끼워 넣는 문법인 부사에 대해 알아볼 거예요.
부사를 제대로 끼워 넣으면 영어 문장을 보다 길고 자세히 쓸 수 있습니다.

① 동사에 더하는 것이 '부사'

영어의 adverb라는 단어를 아시나요? adverb는 add와 verb가 만나서 만들어진 단어예요. add는 '더하다, 보태다, 도와주다'라는 뜻이고, verb는 '동사'라는 뜻이에요. 따라서 adverb는 '동사에 더하거나 보태는 단어'라는 것을 알 수 있어요.

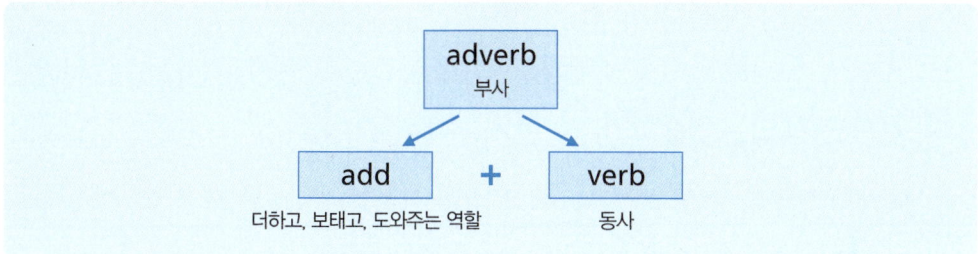

adverb라는 영어 이름을 보면 '동사에 더하는 것', '동사를 보좌하는 것', '동사와 밀접한 관련이 있는 것'임을 바로 알 수 있어요. 이것을 한자로 표기하다 보니 '副(도울 부)'를 사용해 **부사**라는 문법 용어가 만들어진 거예요.

② 부사는 어디에 쓸까?

부사는 동사에 더하거나 보태 주는 것이므로 동사에 가까이 있는 것이 좋겠죠. 그럼 부사를 동사의 앞에 쓸까요, 뒤에 쓸까요?

> 부사 + **동사**
> **동사** + 부사

부사는 동사 앞에도 쓸 수 있고, 동사 뒤에도 쓸 수 있어요. 부사의 위치를 결정하는 것은 바로 동사예요.

영어의 동사는 크게 be동사와 일반동사로 나누어집니다.

be동사	am, are, is, was, were, be
일반동사	eat, go, wash, make, study, have 등 동작을 나타내는 동사

부사의 위치는 문장에 쓰인 동사가 be동사인지 일반동사인지에 따라 달라집니다. 즉, 부사는 be동사의 뒤에, 일반동사의 앞에 쓰입니다. 다음을 공식처럼 외워두세요!

부사의 위치	be동사 뒤 일반동사 앞

③ 부사 끼워 넣는 연습하기

always(항상)라는 부사를 문장 속에 넣어 볼까요? 동사의 종류에 따라 어디에 넣으면 되는지 확인해 보세요.

❶ I **saved** some money. 나는 돈을 좀 저축했다.
→ I **always saved** some money. 나는 항상 돈을 좀 저축했다.
　　　　　　　　　　　　◐ save는 일반동사이므로 save 앞에 always를 넣는다.

❷ She **is** busy. 그녀는 바쁘다.
→ She **is always** busy. 그녀는 항상 바쁘다.
　　　　　　　　　　　　◐ is는 be동사이므로 is 뒤에 always를 넣는다.

❸ We **exercise** in the morning. 우리는 아침에 운동한다.
→ We **always exercise** in the morning. 우리는 아침에 항상 운동한다.
　　　　　　　　　　　　◐ exercise는 일반동사이므로 exercise 앞에 always를 넣는다.

❹ The class **is** interesting. 그 수업은 재미있다.
→ The class **is always** interesting. 그 수업은 항상 재미있다.
　　　　　　　　　　　　◐ is는 be동사이므로 is 뒤에 always를 넣는다.

이와 같이 부사는 보통 'be동사 뒤, 일반동사 앞'에 넣는다고 보면 됩니다.

개념 정리 Quiz

1 다음 중 부사의 특징으로 알맞지 않은 것을 고르세요.

① 부사는 '동사에 더하다'라는 뜻이다.
② 부사는 동사 근처에 쓴다.
③ 동사는 부사가 존재하는 이유다.
④ 동사 자리에 부사를 대신 쓸 수 있다.

2 다음 중 부사의 역할에 대한 설명으로 바른 것을 고르세요.

① 명사를 꾸며 준다.　　　　② 동사를 꾸며 준다.
③ 동사를 명사화한다.　　　④ 명사를 대신해서 쓴다.

3 동사의 종류에 따른 부사의 위치를 고르세요.

① be동사 앞, 일반동사 뒤　　② be동사 뒤, 일반동사 뒤
③ be동사 뒤, 일반동사 앞　　④ be동사 앞, 일반동사 앞

4 둘 중에 부사를 쓸 수 있는 위치를 고르세요.

(1) It ① is ② correct.

(2) He ① looked ② at me.

(3) She ① relied ② on me.

(4) I ① am ② glad to hear that.

(5) They ① postponed ② the date.

5 부사의 위치가 잘못된 것을 고르세요.

① Mom is always busy.
② She always have breakfast in the morning.
③ The game always is exciting.
④ We always go to school together.

* rely on ~에게 의지하다　postpone 연기하다

Practice

A 부사를 찾아서 밑줄을 치고, 문장을 해석하세요.

1 Do you really want to do that?
   → _____

2 TV often shows violent scenes.   *violent 폭력적인
   → _____

3 I strongly recommend you to think about it.   *strongly 강하게
   → _____   recommend 추천하다

4 The teacher usually doesn't tell a joke in class.   *tell a joke 농담하다
   → _____

B 주어진 부사를 알맞은 위치에 끼워 넣어서 문장을 다시 쓰세요.

5 우리는 항상 학교에 같이 간다.
   We go to school together. (always)
   → _____

6 나는 가끔 운동 삼아 계단을 이용해요.
   I use stairs as an exercise. (sometimes)
   → _____

7 그는 학교에 절대 지각하지 않는다.
   He is late for school. (never)
   → _____

8 우리는 보통 일주일에 두 번 만나요.
   We meet twice a week. (usually)
   → _____

부사의 출생 비밀

부사에는 형용사에 -ly를 붙여서 만든 부사와 그렇지 않은 부사가 있어요.
부사의 종류에 대해 알아보고 문장 속에서 부사의 위치도 살펴봐요.

1 명사를 도와주는 형용사

부사에 대해 알아보기 전에 먼저 형용사에 대해 알아볼 필요가 있어요. 영어에서 가장 이상적인 단어 배열을 보면 명사가 3개 있어요. 명사 앞에는 명사를 도와주는 단어를 쓸 수 있어요.

> 명사 + 동사 + 명사 / 전치사 + 명사

단순히 car라고 하는 대신 expensive car 또는 nice car라고 하면 자동차에 대해 보다 자세한 내용을 전달할 수 있어요. 그냥 woman이라고 하는 대신 beautiful woman, kind woman과 같이 쓰면 어떤 여자인지 훨씬 더 자세히 표현할 수 있지요.

car 차 ➡ expensive car 비싼 차
nice car 좋은 차

woman 여자 ➡ beautiful woman 아름다운 여자
kind woman 친절한 여자

expensive, nice, beautiful, kind처럼 명사를 위해 쓰이는 단어, 명사를 도와주는 단어를 '<u>형용사</u>'라고 해요. 영어의 형용사 자리와 우리말의 형용사 자리는 똑같아요. 둘 다 <u>형용사가 명사 앞에 옵니다.</u>

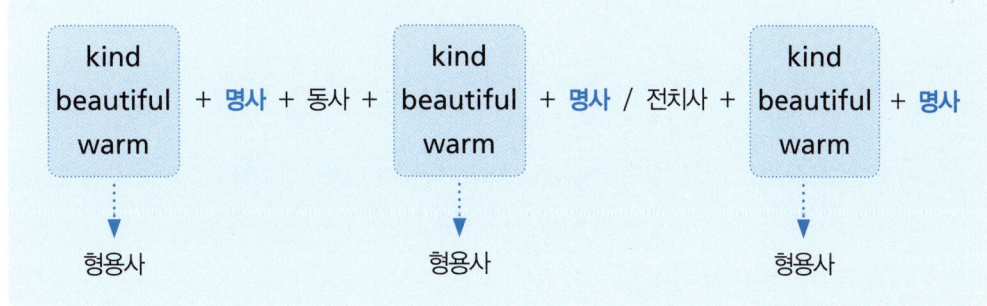

각 명사 앞에 형용사를 넣어 볼게요.

> ❶ 첫 번째 명사 앞에 형용사를 넣어 봐요.
> **Warm clothes** protect our body / from cold.
> 따뜻한 옷은 추위로부터 우리의 몸을 보호해 준다.
>
> ❷ 두 번째 명사 앞에 형용사를 넣어 봐요.
> We need **warm clothes** / at night.
> 우리는 밤에 따뜻한 옷이 필요하다.
>
> ❸ 세 번째 명사 앞에 형용사를 넣어 봐요.
> I saved money / for **warm clothes**.
> 나는 따뜻한 옷을 사기 위해 돈을 모았다.

이렇게 형용사는 모든 명사 앞에 넣어서 사용하면 됩니다.

② 형용사를 빌려서 만든 부사

부사의 역할은 동사에 내용을 보태주고 도와주는 거라고 했죠? 이것은 형용사가 명사에 내용을 보태주고 도와주는 것과 같은 방식입니다. 그러다 보니 동사를 도와주는 부사를 따로 만들지 않고 명사를 도와주는 형용사를 그대로 가져와서 쓰게 됐습니다. 동사를 꾸며 주기 위해서 새로운 단어를 만드는 것보다 이미 있는 단어 중 비슷한 역할을 하고 있는 단어를 사용하는 것이 쉽기 때문이에요. 그런데 영어는 반복을 매우 싫어하기 때문에 기존 형용사와의 중복을 피하기 위해 형용사에 -ly를 붙여서 부사를 만들었어요.

형용사	부사
kind 친절한 beautiful 아름다운 warm 따뜻한	kind**ly** 친절하게 beautiful**ly** 아름답게 warm**ly** 따뜻하게

여러분이 100개의 형용사를 알고 있다면, 여러분이 쓸 수 있는 부사도 100개라고 볼 수 있어요. 형용사 실력이 바로 부사 실력이라고 말할 수 있는 거지요.

부사가 필요할 때는 원하는 뜻의 형용사를 찾아서 -ly를 붙이세요. 대부분의 경우에는 이렇게 해결할 수 있어요. 우리말에서 부사는 보통 '~게'로 끝나는 것처럼, 영어에서 부사는 보통 -ly로 끝난다고 보면 됩니다.

③ 새로 만들어진 부사

부사를 쓰기 위해서 형용사를 찾아봤는데 뜻이 통하는 게 없을 때가 있어요. 마땅히 가져올 형용사가 없는 경우에는 새로운 부사를 만들어서 쓰게 됐어요. 그래서 sometimes(때때로), always(항상) 같은 부사들이 만들어진 거예요. 이런 단어들에는 -ly가 붙어 있지 않아요.

정리하면, 부사에는 두 가지 종류가 있어요. 형용사에 -ly를 붙여서 만든 것이 있고, 단어 자체가 부사인 것이 있어요. 단어 자체가 부사인 것 중 자주 쓰이는 다음 부사들은 꼭 외워 두도록 하세요.

always 항상	**even** 심지어	**often** 종종
seldom 거의 ~않는	**never** 결코 ~않는	**once** 한번, 일단
very 매우	**much** 많이, 훨씬	**also** 또한
still 여전히	**already** 이미	**too** 역시
so 그렇게, 정말로	**quite** 꽤	**sometimes** 때때로
ever 지금까지, 늘		

④ 부사는 'be동사 뒤, 일반동사 앞'에 쓴다

다음 문장에 주어진 부사를 넣어 봐요. 부사의 위치는 'be동사 뒤, 일반동사 앞'이라고 했어요. 그 규칙에 맞게 넣으면 됩니다.

❶ **I waited for my turn.** (patiently 끈기 있게)
나는 내 차례를 기다렸다.
→ **I patiently waited for my turn.**
나는 끈기 있게 내 차례를 기다렸다.

  ○ patiently = patient(끈기 있는) + -ly
  ○ wait는 일반동사이므로 waited 앞에 부사를 넣는다.

❷ **You are right.** (absolutely 전적으로)
네가 맞아.
→ **You are absolutely right.**
네가 전적으로 맞아.

  ○ absolutely = absolute(확실한) + -ly
  ○ are는 be동사이므로 are 뒤에 부사를 넣는다.

❸ **They left.** (secretly 몰래)
그들은 떠났다.
→ **They secretly left.**
그들은 몰래 떠났다.

  ○ secretly = secret(비밀인) + -ly
  ○ left는 일반동사이므로 left 앞에 부사를 넣는다.

❹ **This is** true. (actually 사실은)
이것은 맞다.

→ **This is actually** true.
이것은 **사실** 맞다.

○ actually = actual(사실의) + -ly
○ is는 be동사이므로 is 뒤에 부사를 넣는다.

⑤ 부사는 문장 맨 앞과 맨 뒤에도 쓴다

부사는 보통 'be동사 뒤, 일반동사 앞'에 쓰는 게 규칙이었지만, 시간이 지나면서 그 규칙이 많이 무너졌어요. 다음 문장들에서 부사의 위치를 찾아보세요.

❶ **Kindly** he helped me.   ○ 문장 맨 앞
   He helped me **kindly**.   ○ 문장 맨 뒤
   그는 나를 **친절하게** 도와줬다.

❷ **Generously** he helped me.   ○ 문장 맨 앞
   He helped me **generously**.   ○ 문장 맨 뒤
   그는 나를 **관대하게** 도와줬다.

❸ **Always** I go there.   ○ 문장 맨 앞
   I go there **always**.   ○ 문장 맨 뒤
   나는 **항상** 그곳에 간다.

예문처럼 부사는 문장 맨 앞이나 문장 맨 뒤에 써도 됩니다. 생각해 보면 우리말에서도 부사의 위치는 자유로워요.

신중하게 그는 그 질문에 대답했다. (O)
그는 **신중하게** 그 질문에 대답했다. (O)
그는 그 질문에 **신중하게** 대답했다. (O)
그는 그 질문에 대답했다, **신중하게**. (O)

'신중하게'를 어디에 넣어도 크게 어색하지 않아요. 이건 영어도 마찬가지입니다.

Seriously he answered the question. (O) ◐ 문장 맨 앞
He **seriously** answered the question. (O) ◐ 일반동사 앞
He answered **seriously** the question. (X)
He answered the question **seriously**. (O) ◐ 문장 맨 뒤

부사 seriously를 문장 속에서 위와 같이 다양한 곳에 쓸 수 있는데, ❸번처럼 목적어 명사 앞에는 쓰지 않는다는 점에 주의하세요. 명사 앞에는 주로 형용사가 오기 때문이에요. 이것을 '형용사 우선의 법칙'이라고 해요.

개념 정리 Quiz

1 다음 중 부사와 형용사의 관계를 바르게 설명한 것을 고르세요.

① 부사와 형용사는 모두 동사를 꾸며 준다.　② 부사와 형용사는 모두 명사를 꾸며 준다.
③ 형용사를 활용해서 부사를 만들었다.　　④ 부사를 활용해서 형용사를 만들었다.

2 부사에 대해 틀린 설명을 고르세요.

① 부사는 문장 맨 앞에 쓸 수 있다.　② 부사는 모두 -ly로 끝난다.
③ 부사는 문장 맨 끝에 쓸 수 있다.　④ 부사는 형용사에 -ly를 붙여서 만든 것이 많다.

3 부사는 주로 어떻게 해석되나요?

① ~다　　② ~는　　③ ~기　　④ ~게

4 다음 중 부사의 위치가 잘못된 것을 고르세요.

① They did it secretly.　　② Secretly they did it.
③ They secretly did it.　　④ They did secretly it.

5 다음 형용사를 부사로 고치세요.

(1) serious　→　_____
(2) patient　→　_____
(3) absolute　→　_____
(4) actual　→　_____
(5) regular　→　_____

6 다음 부사의 뜻을 쓰세요.

(1) already _____　(2) even _____
(3) still _____　(4) quite _____
(5) sometimes _____　(6) once _____

* serious 심각한　patient 끈기 있는　absolute 확실한　regular 규칙적인

Practice

A 부사를 찾아서 밑줄을 치고, 문장을 해석하세요.

1. I carefully wrote on a postcard.   *postcard 엽서
   → _____

2. I do this every other day regularly.   *every other day 하루 걸러 한 번
   → _____

3. I want you to bring it safely.
   → _____

4. He officially announced it.   *officially 공식적으로 announce 발표하다
   → _____

5. Let's divide it equally and precisely.   *equally 똑같이 precisely 정확하게
   → _____

B 알맞은 부사를 골라 넣어서 문장을 완성하세요.

| actually   almost   deeply   loudly   only |

6. 그 차가 거의 나를 들이받을 뻔했다.
   → The car _____ hit me.

7. 단지 다섯 명의 사람들만이 그 방에 있었다.
   → There were _____ five people in the room.

8. 누군가가 지하철에서 전화로 시끄럽게 얘기했다.
   → Someone talked on the phone _____ in the subway.

9. 그 이야기가 나를 깊이 감동시켰다.
   → The story _____ touched me.

LESSON 19 • 169

10 사실 나는 너를 버스정류장에서부터 따라가고 있었다.

→ _____, I was following you from the bus stop.

C 알맞은 부사를 골라서 be동사 뒤나 일반동사 앞에 끼워 넣어 문장을 다시 쓰세요.

> finally   already   usually   still   sometimes
> generally   all   probably   absolutely   also

11 나는 이미 그것을 눈치 챘다.

I noticed it.

→ _____

12 그는 아직도[여전히] 그의 방 안에 있다.

He is in his room.

→ _____

13 나는 마침내 그것을 알아냈다.

I figured it out.

→ _____

14 나는 네가 아마도 옳을 거라고 생각해.

I think you are right.

→ _____

15 중고 책은 보통 싸다.

Used books are cheap.

→ _____

16 네가 전적으로 옳았다.

You were right.

→ _____

17 남자들은 이따금[가끔] 여자들을 오해한다.

Men misunderstand women.

→ _____

18 여자들은 일반적으로 미래 지향적인 남자를 좋아한다.

Women like future-oriented men.

→ _____

19 우리는 모두 감기에 걸렸다.

We caught a cold.

→ _____

20 그것 또한 나의 잘못이었다.

It was my fault.

→ _____

Study More

꼭 외워야 하는 필수 부사

우리말 뜻에 맞는 부사를 골라 보세요. 일상생활이나 시험에 자주 등장하는 부사들이므로 모두 반드시 외워 두세요.

1. 아름답게
   ① completely   ② beautifully   ③ fairly   ④ formally

2. 마지못해서
   ① reluctantly   ② suspiciously   ③ foolishly   ④ widely

3. 의심스럽게
   ① foolishly   ② presumably   ③ unequally   ④ suspiciously

4. 몰래, 비밀스럽게
   ① newly   ② strongly   ③ secretly   ④ ethnically

5. 화를 내어
   ① hurriedly   ② undoubtedly   ③ angrily   ④ surprisingly

6. 친절하게
   ① kindly   ② anxiously   ③ certainly   ④ clearly

7. 관대하게
   ① significantly   ② generously   ③ mentally   ④ virtually

8. 바보스럽게
   ① eventually   ② exactly   ③ foolishly   ④ humbly

9. 나쁘게, 심하게
   ① badly   ② beautifully   ③ absolutely   ④ technically

10. 결국, 마침내
    ① honestly   ② gradually   ③ perfectly   ④ eventually

11. 당장에
    ① respectively   ② actively   ③ exceptionally   ④ immediately

12. 행복하게
    ① happily   ② simply   ③ permanently   ④ steadily

13. 염려스럽게, 갈망하여
    ① merrily   ② anxiously   ③ really   ④ equally

14. 조용하게
    ① silently   ② apparently   ③ possibly   ④ finally

15. 분명히, 명백히
    ① simply   ② obviously   ③ probably   ④ exactly

16 틀림없이, 확실히
① easily ② really ③ certainly ④ physically

17 사실은
① surely ② merrily ③ actually ④ clearly

18 아마, 추측컨대
① entirely ② presumably ③ scientifically ④ safely

19 겉보기에는, 명백히
① warmly ② soundly ③ roughly ④ apparently

20 확실히
① effectively ② widely ③ surely ④ technologically

21 명확히
① definitely ② wisely ③ wrongly ④ formerly

22 아마
① kindly ② generously ③ possibly ④ immediately

23 정직하게
① typically ② honestly ③ individually ④ anonymously

24 다행히, 운 좋게도
① fortunately ② naturally ③ barely ④ politely

25 솔직히
① extremely ② respectfully ③ interestingly ④ frankly

26 운 좋게
① profoundly ② properly ③ luckily ④ suddenly

27 공식적으로
① officially ② seemingly ③ actively ④ fully

28 자연스럽게
① naturally ② silently ③ obviously ④ badly

29 절대적으로, 전적으로
① greatly ② absolutely ③ politically ④ normally

30 간신히, 거의 ~않다
① tightly ② rapidly ③ merely ④ barely

31 전적으로, 완전히
① actually ② angrily ③ secretly ④ entirely

32 극도로
① definitely ② hastily ③ extremely ④ largely

33 공평하게, 꽤
① overly ② frankly ③ happily ④ fairly

34 정말로
① completely ② luckily ③ really ④ officially

35 마침내, 최종적으로
① finally ② reluctantly ③ fully ④ inconsistently

36 새롭게
① fortunately ② loudly ③ brightly ④ newly

37 정확히, 꼭
① extremely ② fairly ③ exactly ④ equally

38 똑같이, 동등하게
① merely ② equally ③ immediately ④ generously

39 강하게
① absolutely ② completely ③ entirely ④ strongly

40 공손히, 예의 바르게
① politely ② ethnically ③ formerly ④ humbly

41 쉽게
① clearly ② simply ③ wisely ④ easily

42 성급하게, 허둥지둥
① respectfully ② greatly ③ hastily ④ strictly

43 서둘러서
① anxiously ② hurriedly ③ actually ④ surely

44 즐겁게, 명랑하게
① widely ② merrily ③ steadily ④ actively

45 갑자기
① hastily ② steadily ③ suddenly ④ happily

46 차츰, 서서히
① respectively ② properly ③ profoundly ④ gradually

47 따스하게
① widely ② newly ③ warmly ④ virtually

48 현명하게
① roughly ② suddenly ③ wisely ④ hastily

49 분명히, 명료하게
① clearly ② strongly ③ politely ④ exactly

50 간단히, 간소하게
① reluctantly ② simply ③ vaguely ④ anonymously

51 완전히
① formally ② completely ③ beautifully ④ fairly

52 완전히, 충분히
① widely ② reluctantly ③ suspiciously ④ fully

53 대단히, 크게
① greatly ② suspiciously ③ presumably ④ unequally

54 정치적으로
① ethnically ② newly ③ politically ④ strongly

55 보통, 정상적으로
① normally ② undoubtedly ③ hurriedly ④ surprisingly

56 기술적으로
① kindly ② anxiously ③ technically ④ certainly

57 민족적으로, 인종적으로
① significantly ② mentally ③ virtually ④ ethnically

58 과학적으로
① eventually ② exactly ③ scientifically ④ relatively

59 겸손하게
① beautifully ② absolutely ③ technically ④ humbly

60 각자, 제각기
① respectively ② gradually ③ respectfully ④ eventually

61 이전에, 예전에
① early ② formerly ③ permanently ④ steadily

62 정식으로
① anxiously ② merrily ③ formally ④ equally

63 단지, 그저
① merely ② apparently ③ possibly ④ finally

64 큰 소리로, 소란스럽게
① apparently ② obviously ③ probably ④ loudly

65 의심할 여지 없이, 확실히
① certalnly ② undoubtedly ③ easlly ④ really

66 엄격하게
① strictly ② surely ③ actually ④ clearly

LESSON 19 • 175

67	적당하게, 알맞게			
	① precisely	② properly	③ entirely	④ presumably
68	공손히, 정중하게			
	① respectfully	② respectively	③ exceptionally	④ immediately
69	자유롭게			
	① soundly	② roughly	③ freely	④ apparently
70	널리, 폭넓게			
	① widely	② effectively	③ largely	④ technologically
71	건전하게			
	① wisely	② soundly	③ definitely	④ formerly
72	깊이, 극심하게			
	① immediately	② profoundly	③ generously	④ possibly
73	잘못해서, 부당하게			
	① typically	② wrongly	③ individually	④ anonymously
74	완벽하게			
	① perfectly	② correctly	③ fortunately	④ politely
75	거칠게, 대략			
	① extremely	② roughly	③ frankly	④ interestingly
76	영구히, 불변으로			
	① profoundly	② properly	③ suddenly	④ permanently
77	모순되게			
	① actively	② officially	③ seemingly	④ inconsistently
78	전형적으로			
	① naturally	② typically	③ obviously	④ silently
79	흥미 있게			
	① interestingly	② normally	③ absolutely	④ politically
80	개별적으로			
	① tightly	② rapidly	③ merely	④ individually
81	단단히, 꽉			
	① entirely	② actually	③ tightly	④ secretly
82	익명으로			
	① definitely	② hastily	③ extremely	④ anonymously
83	급속히, 신속히			
	① actively	② rapidly	③ frankly	④ fairly

#	뜻	①	②	③	④
84	놀랍게도	completely	really	officially	surprisingly
85	안전하게, 무사히	reluctantly	safely	finally	inconsistently
86	활발히, 적극적으로	fortunately	loudly	brightly	actively
87	크게, 대체로	fairly	largely	extremely	exactly
88	의미심장하게, 상당히	significantly	soundly	immediately	generously
89	예외적으로	absolutely	completely	entirely	exceptionally
90	같지 않게, 불평등하게	ethnically	formerly	unequally	humbly
91	비슷하게	clearly	simply	similarly	wisely
92	지나치게, 과도하게	respectfully	hastily	strictly	overly
93	견실하게, 꾸준히	surely	steadily	anxiously	actually
94	육체적으로	simply	physically	merrily	steadily
95	효과적으로	effectively	properly	profoundly	gradually
96	거의 ~아니다[없다]	virtually	widely	hardly	warmly
97	사실상, 실질적으로	roughly	wisely	hastily	virtually
98	외견상으로, 겉보기에는	seemingly	clearly	politely	exactly
99	정신적으로	mentally	widely	steadily	actively
100	믿을 수 없을 만큼	reluctantly	vaguely	incredibly	anonymously

영어 실력 뒤에는 부사가 있다

부사에 대해 미처 알지 못했던 내용을 좀 더 살펴보고,
이를 통해 여러분의 영어 실력을 한 단계 업그레이드해 보세요.

① 문장 길이에 따른 부사의 위치

부사를 쓰는 위치는 문장의 길이에 따라 약간의 차이가 있습니다.

(1) 문장의 길이가 짧을 때

문장의 길이가 짧을 때는 be동사 **뒤**나 일반동사 **앞**, 문장 맨 **앞**이나 맨 **뒤**에 부사를 쓰면 됩니다. (단, 명사 (목적어) 앞에는 쓸 수 없다는 점 주의하세요.)

> ❶ **Really** I need this. (O)
> ❷ I **really** need this. (O)
> ❸ I need this **really**. (O)   ◑ 주로 informal한 speaking에서 사용
> 나는 이것이 **정말** 필요하다.

(2) 문장의 길이가 길 때

문장의 길이가 길 때는 문장 맨 뒤에 부사를 쓰면 곤란합니다. 아래 문장을 통해 그 이유를 찾아보세요.

> ❶ **Really** I **need** this because it helps me to finish my work. (O)
> ❷ I **really need** this because it helps me to finish my work. (O)
> ❸ I **need** this because it **helps** me to finish my work **really**. (X)
> 이것은 내가 일을 끝마치는 데 도움이 되기 때문에 나는 이것이 **정말** 필요하다.

문장이 길 경우에는 ❶번과 ❷번처럼 쓸 수는 있지만 ❸번처럼 문장 맨 끝에는 부사를 쓰지 않는 것이 좋습니다. 왜냐하면 부사는 동사를 꾸며줘야 하는데, 동사와 부사와의 거리가 너무 멀어지기 때문이에요. ❸번 같은 경우는 부사 really가 동사 need보다 help와 더 가까이 있어서 really가 help를 꾸며주는 것으로 오해할 수도 있어요.

(3) 문장의 길이가 적당할 때

아래 예문처럼 문장의 길이가 적당할 때는 어떨까요? 이때는 문장의 길이가 너무 길지 않기 때문에 부사를 문장 맨 뒤에 써도 괜찮습니다.

❶ **Really** I **need** this for my work. (○)
❷ I **really need** this for my work. (○)
❸ I **need** this for my work **really**. (○) ○ 주로 informal한 speaking에서 사용
나는 내 일을 위해서 이것이 정말 필요하다.

② 부사 사용에 대한 실질적인 감각

(1) 급할 때는 문장 맨 앞에 써라

우리가 영어를 말하거나 쓸 때는 문장의 길이가 긴지 짧은지, 동사가 be동사인지 일반동사인지 생각할 시간이 없을 때가 많아요. 그럴 때는 무조건 맞는 자리인 '문장 맨 앞'에 쓰는 것이 안전해요. 문장의 길이나 동사의 종류와 상관없이 항상 부사를 쓸 수 있는 곳은 문장 맨 앞이기 때문이에요.

(2) 부사의 위치에 따라 달라지는 글의 감각

영어는 중요하거나 강조하고 싶은 것일수록 문장 앞으로 보내는 경향이 있어요. 그래서 부사를 문장 맨 앞에 쓰면 그 부사를 강조하는 뉘앙스를 줍니다. 따라서 글을 쓰면서 모든 부사를 문장 맨 앞에 쓰면 모두 강조하는 게 되어서 어색해집니다. 부사의 위치에 따라 어떤 뉘앙스를 주는지 확인해 보세요.

❶ **Always** I go there.   ○ always를 강조했음
❷ I **always** go there.   ○ always가 자연스럽게 들어갔음
❸ I go there **always**.   ○ always가 부연 설명으로 들어갔음
나는 항상 거기에 가요.

결론적으로 부사는 be동사 뒤, 일반동사 앞에 쓰는 것이 가장 자연스럽고, 강조하려면 문장 맨 앞에 쓰면 됩니다.

③ 자주 쓰는 빈도부사

'**빈도부사**'는 어떤 행동을 '얼마나 자주' 하는지 빈도를 나타내는 부사를 말해요. 다음은 생활 속에서 많이 쓰는 빈도부사들이에요. 다음 부사들을 빈도순으로 나열해 보세요.

> never   often   usually   seldom
> sometimes   hardly ever   rarely   always

100%를 의미하는 **always**(항상)와 0%를 나타내는 **never**(결코 ~않다)는 의미가 분명하지만, 이 둘을 제외한 나머지 부사들은 어느 정도의 빈도를 나타내는지 애매해서 빈도를 따지기 어려울 때가 있어요. 다음은 부사들을 빈도순으로 나열한 거예요. 부사들 간의 빈도 차이를 살펴보세요.

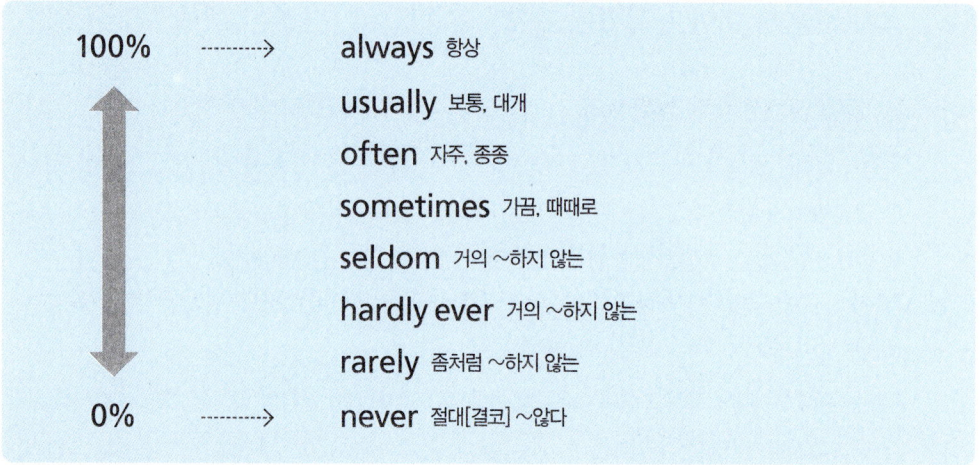

always 다음에 **often**을 쓸지, **usually**를 쓸지 헷갈렸을 거예요. 예문을 통해 뉘앙스를 비교해 봐요.

❶ I **usually** go to bed at 10.   ◐ 지속적이고 반복적인 일이나 습관
   나는 **보통** 10시에 잠을 잔다.

❷ I **often** go to bed at 10.   ◐ 최근 단기간의 반복 횟수에 초점을 둔 것
   나는 **종종** 10시에 잠을 잔다.

우리말 해석을 보면 **often**이 더 자주 일어나는 일 같지만 <u>always > usually > often</u>의 순서가 맞습니다. ❶번과 같이 말하면 어제도 10시에 잤고, 오늘도 10시에 자고, 내일도 10시에 잘 거라는 뜻이에요. 즉, **usually**를 이용해 말하면 '**늘 하는 습관**'을 나타내는 거예요. ❷번의 경우에는 요즘에는 10시에 잔다는 느낌을 주지만, 한 달 전에도 그랬거나 한 달 후에도 그럴 거라고 말할 수는 없어요. 즉, **often**은 최근에 단기적으로 자주 일어나는 일에 대해 사용해요.

❸ I **sometimes** meet her. ○ 어느 정도 만나는 횟수가 있음
나는 **가끔** 그녀를 만난다.

❹ I **seldom** meet her. ○ 만나는 횟수가 급격히 줄어듦
나는 **거의** 그녀를 만나**지 않는다**.

sometimes는 중간 정도의 빈도가 아니라, often쪽으로 약간 더 치우친 것으로 보면 됩니다. sometimes까지는 어느 정도 빈도가 발생하는 것이고, seldom부터는 빈도가 급격히 줄어듭니다.

❺ I **hardly ever** eat meat. ○ 고기를 거의 안 먹음 (일 년에 몇 번 안 됨)
나는 **거의** 고기를 먹**지 않는다**.

❻ I **rarely** eat meat. ○ 고기를 먹는 일이 극히 드묾 (일 년에 한두 번도 안 됨)
나는 **좀처럼** 고기를 먹**지 않는다**.

❼ I **never** eat meat. ○ 고기를 입에도 안 댐 (평생 안 먹을 정도)
나는 **절대** 고기를 먹**지 않는다**.

거의 안 하는 일에 대해 말하는 부사들은 seldom > hardly ever > rarely > never의 순서로 빈도가 낮아집니다. 빈도가 낮다고 말할 때 never만 사용하지 말고 여기에 있는 다양한 부사를 사용해서 표현해 보세요.

❽ I **frequently** take a walk. ○ 매우 자주 산책을 나감
나는 **자주** 산책을 한다.

❾ I **occasionally** take a walk. ○ 가끔 건너뛰기도 하지만 자주 산책 나가는 편임
나는 **때때로** 산책을 한다.

frequently는 '종종, 자주'라는 뜻이고 occasionally는 '때때로, 가끔'이라는 뜻인데, 이들은 어느 정도의 빈도를 나타낼까요? 이 둘은 usually와 often의 중간 정도로서 usually > frequently > occasionally > often의 순서라고 보면 돼요. frequently는 10회 중 거의 7~8회 정도의 빈도수라면, occasionally는 10회 중 5~7회 정도의 느낌이에요. always, usually, frequently, occasionally, often은 빈도수가 모두 높습니다. 빈도수가 높은 일에 대해 말할 때 이 다섯 단어를 기억하면 모든 경우에 쓸 수 있어요.

* 지역에 따라서 often의 빈도수를 frequently, occasionally의 빈도수보다 더 높게 보기도 해요. frequently를 always와 버금가게 보기도 하고요. 즉, 빈도부사는 지역 차이와 개인차가 있으므로 어느 정도 감안할 필요가 있습니다.

④ 부사의 레벨이 글의 레벨을 결정한다

부사를 사용하는 이유는 무엇일까요? 부사를 사용하지 않은 문장과 부사를 사용한 문장을 비교하면 왜 부사를 사용하는지 알 수 있어요.

초급	고급
I am happy. 나는 행복하다.	I am **extremely** happy. 나는 **극도로** 행복하다.
It is true. 그것은 사실이다.	It is **absolutely** true. 그것은 **틀림없이** 사실이다.
He said yes. 그는 그렇다고 말했다.	He **reluctantly** said yes. 그는 **마지못해** 그렇다고 말했다.
It takes 20 minutes. 그것은 20분이 걸린다.	It takes **approximately** 20 minutes. 그것은 **대략** 20분이 걸린다.
The man answered. 그 남자는 대답했다.	The man **inconsistently** answered. 그 남자는 **일관성 없이[모순되게]** 대답했다.
I went. 나는 갔다.	I **immediately** went. 나는 **당장** 갔다.
It is important. 그것은 중요하다.	It is **historically** important. 그것은 **역사적으로** 중요하다.
It is high. 그것은 높다.	It is **geographically** high. 그것은 **지리적으로** 높다.
They selected a leader. 그들은 지도자를 뽑았다.	They **democratically** selected a leader. 그들은 **민주적으로** 지도자를 뽑았다.

부사가 없는 왼쪽 문장들의 수준이 레벨 1이라면 부사가 있는 오른쪽 문장들의 수준은 레벨 4~5 정도라고 할 수 있어요. 즉, 부사를 쓰면 레벨이 한 단계가 아니라 여러 단계가 올라갑니다. 따라서 부사의 수준이 글의 수준에 큰 영향을 미친다고 볼 수 있어요. 지금까지 배운 부사들을 꼭 외워서 자주 사용하도록 하세요.

개념 정리 Quiz

1 부사가 가지고 있는 특징으로 볼 수 없는 것을 고르세요.

① 모두 형용사를 이용해 만든 것은 아니다.
② 문장에서 위치가 비교적 자유롭다.
③ 부사를 쓰면 글의 수준을 높일 수 있다.
④ 문장 맨 앞에는 부사를 쓸 수 없다.

2 다음 문장에 부사 **definitely**를 세 가지 위치에 끼워 넣어 보세요.

> You are right.

(1) _____
(2) _____
(3) _____

3 부사의 위치가 어색한 것을 2개 고르세요.

① <u>Really</u> I want to have a good relationship with your company.
② I <u>really</u> want to have a good relationship with your company.
③ I want <u>really</u> to have a good relationship with your company.
④ I want to have a good relationship with your company <u>really</u>.

4 다음 중 부사 **confidently**를 강조한 문장을 고르세요.

① Confidently he answered to the question.
② He confidently answered to the question.
③ He answered to the question confidently.
④ He answered confidently to the question.

5 부사를 자주 일어나는 빈도순으로 바르게 나열한 것을 고르세요.

① often – usually – sometimes – seldom – rarely
② often – usually – seldom – sometimes – rarely
③ usually – often – sometimes – seldom – rarely
④ usually – often – seldom – sometimes – rarely

Practice

A 부사를 찾아서 밑줄을 치고, 문장을 해석하세요.

1. He is mentally strong and physically powerful.   * mentally 정신적으로
   → _____   physically 신체적으로

2. The driver safely drove to the airport.
   → _____

3. Suddenly, someone opened the door roughly.   * roughly 거칠게
   → _____

4. I secretly liked the woman and no one actually knew about it.   * secretly 몰래
   → _____

5. Certainly this is my way to go. Well, it is a destiny.   * destiny 운명
   → _____

B 알맞은 부사를 골라 넣어 문장을 완성하세요.

> correctly   rarely   often   gradually   technically

6. 나는 이 게임에서 종종 운이 좋다.

   → I _____ get lucky in this game.

7. 그 상처는 점점 사라졌다.

   → The scar was _____ disappeared.

8. 그 가게는 거의 특별 할인을 안 한다.

   → The store _____ has a special sale.

9 기술적으로는 그렇게 하는 것이 가능하다.

→ _____ it is possible to do so.

10 이 양식을 바르게 기입해 주세요.

→ Please fill out this form _____.

C 알맞은 부사를 골라서 be동사 뒤나 일반동사 앞에 끼워 넣어 문장을 다시 쓰세요.

> usually   frequently   always   rarely   often
> seldom   just   never   sometimes   hardly

11 Ted는 빈번하게 실수를 했다.

Ted made mistakes.

→ _____

12 내 남편은 절대 나를 도와주지 않는다.

My husband helps me.

→ _____

13 대중 매체는 때때로 사실을 왜곡한다.

The mass media twists facts.

→ _____

14 그들은 좀처럼 방을 청소하지 않는다.

They clean the room.

→ _____

15 나는 기념품 가게에서 토끼발(rabbit's foot)을 종종 보았다.

I saw a rabbit's foot in a souvenir shop.

→ _____

* rabbit's foot 행운의 부적으로 여겨 가지고 다니는 토끼의 왼쪽 뒷발

16 이것은 그저(단지) 어쩔 수 없는 일이에요.

This is one of those things.

→ _____

* one of those things 어쩔 수 없는 일

17 그 마을버스는 거의 제시간에 오지 않는다.

The local bus comes on time.

→ _____

18 인디언 서머는 늘 덥다.

Indian summer is hot.

→ _____

* Indian summer (늦가을의) 따뜻한 날씨

19 스포츠 용품은 드물게 할인 판매한다.

Sports goods are on sale.

→ _____

20 우리는 보통 주말에 서로 본다.

We see each other on weekends.

→ _____

• • •

여기까지 오시느라고 수고 많으셨습니다.

이제 여러분이 익힌 문법이 손끝에서 문장으로 나올 수 있도록

책에 있는 예문을 따라 쓰면서 문장 만드는 연습을 해 보세요.

수고하셨습니다!

LESSON 01 'to부정사'라고 부르는 이유

개념 정리 Quiz p. 19

1 ② 2 ④ 3 ③ 4 ① 5 ③ 6 ①,②,④

2 '사랑하다'는 love이고, '사랑하는 것'은 to love이다.
3 study English 앞에 to가 붙었으므로 '영어를 공부하는 것'이라고 해석한다. to study English가 문장의 주어 역할을 하고 있다.
   해석 | 영어를 공부하는 것은 중요하다.
4 동사 앞에 to를 붙이면 동사가 명사처럼 변하고, 이를 '동사의 명사화'라고 한다.

Practice p. 20

A
1 to see
2 to sleep
3 to love him
4 to watch TV

B
5 To swim is fun.
  수영하는 것은 재미있다.
6 I want to see you.
  나는 너를 보는 것을 원한다.(나는 너를 보고 싶다.)
7 I need to go there.
  나는 거기에 가는 것을 필요로 한다.
  (나는 거기에 갈 필요가 있다.)

C
8 To ride a bicycle
9 to memorize words
10 to share this

LESSON 02 반드시 알아야 할 to부정사의 쓰임

개념 정리 Quiz p. 24

1 ④ 2 ①,③ 3 ② 4 ③

2 to부정사는 문장의 명사 자리에 쓸 수 있지만, 전치사 뒤에는 쓸 수 없다.
4 ③은 전치사 for 뒤에 to부정사를 사용했기 때문에 틀린 문장이다.
   해석 | ① 매일 운동하는 것은 필수적이다.
        ② 나는 이 책으로 공부하는 것을 좋아한다.
        ③ 나를 도와줘서 너에게 고맙다.
        ④ 그들은 그것을 월요일까지 끝낼 필요가 있다.

Practice p. 25

A
1 To make a cake is easy.
  케이크를 만드는 것은 쉽다.
2 They decided to leave in the morning.
  그들은 아침에 떠나기로 결정했다.
3 I like to sleep in the sofa.
  나는 소파에서 자는 것을 좋아한다.
4 To keep a promise is important.
  약속을 지키는 것은 중요하다.
5 Who wants to do the dishes?
  누가 설거지하고 싶어?

B
6 To study English
7 to play games
8 to see him
9 To sleep too much
10 to reach the top

LESSON 03 동명사에 대한 새로운 깨달음

개념 정리 Quiz   p. 30

1 ②, ③   2 ①, ③   3 ①, ③, ⑤

4 (1) 동명사 (2) 동명사 (3) 간단하기 (4) to부정사

5 (1) We look forward to working with you.
   (2) I object to changing the schedule.
   (3) I am interested in meeting him.

6 (1) Using a phone in the theater is rude.
   (2) Helping each other makes all people happy.

7 (1) To work with you has a merit.
   (2) To study a foreign language is interesting to me.

2 to부정사는 전치사 뒤에 쓸 수 없다.
4 복잡한 to부정사를 주어로 사용하면 강조의 느낌을 주므로, 일반적으로는 간단한 동명사를 주어로 사용한다.
5 전치사 뒤에는 to부정사를 쓸 수 없으므로 to부정사를 동명사로 바꿔야 한다.
   해석 | (1) 우리는 당신과 일하는 것을 기대하고 있다.
        (2) 나는 일정을 바꾸는 것에 반대한다.
        (3) 나는 그를 만나는 것에 관심이 있다.
6 해석 | (1) 극장에서 전화를 사용하는 것은 무례하다.
        (2) 서로 돕는 것은 모든 사람들을 행복하게 만든다.
7 해석 | (1) 너와 일하는 것은 장점이 있다.
        (2) 외국어를 공부하는 것은 나에게 흥미로운 일이다.

Practice   p. 32

A

1 He started running in the rain.
   그는 빗속에서 뛰기 시작했다.

2 Reading is important and writing is more important.
   읽는 것은 중요하고 쓰는 것은 더 중요하다.

3 I am interested in looking around here.
   나는 이 근처를 둘러보는 데 관심이 있다.

4 The teacher recommended memorizing many words.
   선생님은 단어를 많이 외울 것을 추천하셨다.

5 I love working at home, but hate working in an office.
   나는 집에서 일하는 것은 좋아하지만 사무실에서 일하는 것은 싫어해요.

B

6 Understanding / practicing
7 Finding information
8 talking and spending time
9 having a partnership
10 writing the password

Study More   p. 35

동명사가 들어간 유용한 표현

1 be used to -ing / be accustomed to -ing
2 be interested in -ing
3 be in charge of -ing
4 be afraid of -ing
5 feel up to -ing
6 complain about -ing
7 think about -ing
8 take part in -ing
9 be tired of -ing
10 be worried about -ing
11 be surprised about -ing
12 look forward to -ing
13 thank A for -ing
14 object to -ing
15 make an excuse for -ing
16 be proud of -ing
17 talk about -ing

LESSON 04 매일 쓰는 in order to

개념 정리 Quiz   p. 41

1 in order의 반복을 피하기 위해서
2 (1) 문장을 해석해 보면 알 수 있다.
  (2) to가 들어간 표현을 삭제했을 때 문법에 이상이 없으면 '~하기 위하여'이고, 문법이 틀리거나 내용이 어색하면 '~는 것'이다.
3 (1) to (2) in order to
4 ③   5 ④   6 ①, ④

4 ①, ②, ④번에서 to는 '~하기 위하여'라는 뜻으로 쓰였고, ③번에서 to는 '~는 것'이라는 뜻으로 쓰였다.

해석 | ① 그녀는 얘기하기 위해서 나에게 전화했다.
② 나는 너를 돕기 위해서 이것을 했다.
③ 나는 너를 볼 필요가 있다.
④ 자기 위해서 나는 침대로 갔다.

5 ①, ②, ③번에서 to는 '~하기 위하여'라는 뜻으로 쓰였고, 밑줄 친 부분은 부연 설명이기 때문에 삭제해도 문법이 틀리지 않는다. 하지만 ④번에서 to play with fire는 주어 역할을 하기 때문에, 이를 삭제하면 주어가 없어져서 문법이 틀리게 된다.

해석 | ① 버스를 타기 위해서 나는 뛰었다.
② 나는 100점을 받기 위해 열심히 공부한다.
③ 나는 스트레스를 풀기 위해 음악을 들었다.
④ 불을 가지고 노는 것은 위험하다.

6 '~하기 위해서'의 to는 부연 설명으로서, 주로 문장 맨 앞이나 맨 뒤에 쓰인다. (②번 자리는 강조할 때 매우 예외적으로 쓸 수 있다. 일반적인 사용법이 아니므로 답에서 제외한다.)

해석 | 나는 (빨리 외우기 위해) 단어를 반복한다.

Practice   p. 42

A

1 in order to meet
2 to try
3 in order to change

B

4 We read this book to study English.
우리는 영어를 공부하기 위해서 이 책을 읽는다.

5 Jim and I decided to save more money.
짐과 나는 돈을 더 모으기로 결심했다.

6 She likes to eat vegetables to lose her weight.
그녀는 살을 빼기 위해서 야채 먹는 것을 좋아한다.

7 In order to meet you, I waited for many hours.
너를 만나기 위해서 나는 오랜 시간 동안 기다렸다.

C

8 (in order) to fix it
9 (in order) to ask the time
10 to take a taxi (in order) to arrive there quickly

 LESSON 05 세 개의 to를 한 문장에 쓰기

개념 정리 Quiz   p. 50

1 (1) to부정사의 명사적 용법: ~는 것
  (2) to부정사의 부사적 용법: ~하기 위하여
  (3) 전치사 to: ~에, ~로
2 (1) 전치사 to
  (2) to부정사의 명사적 용법
  (3) to부정사의 부사적 용법
3 (1) ① 만나는 것을 ② 보여주기 위해서 ③ 너희 집으로
  (2) ① 버스정거장으로 ② 놓치는 것을 ③ 가기 위해서 ④ 내 직장으로
4 ④

2 해석 | (1) 나는 너에게 가고 있다.
(2) 나는 너에게 가기로 결심했다.
(3) 나는 너에게 가기 위해서 택시를 탔다.

3 해석 | (1) 나는 너희 집으로 가는 길에 이 사진을 보여주기 위해서 그녀를 만날 계획이었다.
(2) 나는 직장에 가기 위해 그 버스를 놓치고 싶지 않았기 때문에 버스정거장으로 뛰었다.

4 ④번의 to는 '~하기 위해서'라는 뜻으로 쓰였으므로 in order to로 고쳐 쓸 수 있다.

해석 | ① 우리는 함께 일하기 시작했다.
② 누군가 너를 보고 싶어 한다.
③ 나는 너에게 그것을 보냈다.
④ 나는 일찍 일어나기 위해 알람 시계를 맞췄다.

Practice p. 51

A

1 You deserve to receive the prize.
   당신은 그 상을 받을 자격이 있다.

2 People stopped to smoke outside a building.
   사람들은 건물 밖에서 담배를 피우기 위해서 멈췄다.

3 To pass the test, you need to memorize these words.
   시험에 통과하기 위해서 너는 이 단어들을 외울 필요가 있다.

4 She hesitated to tell the truth to the public.
   그녀는 대중에게 진실을 말하는 것을 망설였다.

5 He promised to wait here to give the key to me.
   그는 나에게 열쇠를 주기 위해서 여기에서 기다리기로 약속했다.

B

6 (in order) to enter

7 (In order) To order a meal / to take a number

8 (in order) to my old friend / to apologize

9 (In order) To help / to come

10 anything to eat

C

11 (1) I promised.
   (2) I promised to go.
   (3) I promised to go to the gym.
   (4) I promised to go to the gym with her.
   (5) I promised to go to the gym with her to exercise.

12 (1) Many people hope.
   (2) Many people hope to go.
   (3) Many people hope to go to a university.
   (4) Many people hope to go to a university to study more.

13 (1) She remembered.
   (2) She remembered to send.
   (3) She remembered to send the letter.
   (4) She remembered to send the letter to the school.
   (5) She remembered to send the letter to the school to request.
   (6) She remembered to send the letter to the school to request the application form.

LESSON 06 생활 속의 to

개념 정리 Quiz p. 60

1 ③ 2 ③ 3 ②
4 (1) to hear that (2) to see you
  (3) to help you

1 ③번의 to만 '~하기 위해서'라는 뜻이고, 나머지는 '~는 것'이라는 뜻이다.

해석 | ① 지금 시작하는 것은 좋은 생각이다.
② 지금 시작하는 것에 동의한다.
③ 지금 시작하기 위해서 그녀는 손을 든다.
④ 모두가 지금 시작하기를 원한다.

2 '~는 것'은 to부정사로 나타내고, '~하지 않는 것'은 'not + to부정사'로 나타낸다.

3 '너무 ~해서 ~할 수 없다'는 〈too+형용사+to부정사〉 형태를 이용한다. '~할 수 없다'는 우리말 때문에 부정어 not을 넣어야 할 것 같지만, too 안에 이미 not의 의미가 포함되어 있으므로 별도로 not을 쓰지 않도록 주의한다.

4 감정, 상태, 의지를 나타내는 surprised, lucky, willing 은 그 뒤에 to부정사를 쓴다.

해석 | (1) 나는 그것을 듣고 놀랐다.
(2) 너를 보다니 나는 운이 좋다.
(3) 나는 너를 기꺼이 도울 거야.

Practice p. 61

A

1 Don't pretend not to know!
모르는 척하지 마!

2 You should remember to lock the door.
너는 문을 잠그는 것을 기억해야 돼.

3 I told him not to do it.
나는 그에게 그것을 하지 말라고 말했다.

4 The place is too big to see in a day.
그곳은 하루에 보기에는 너무 크다.

5 I need your number in order to keep in touch with you.
나는 너와 계속 연락을 취하기 위해서 네 전화번호가 필요해.

B

6 He promised to help me.
7 I love to go there.
8 It is too expensive to buy.
9 He told me not to go there.
10 I'm sorry to call you late.

C

11 I hesitated to answer.
12 I forgot to call her.
13 I came here (in order) to apologize.
14 She promised not to call him.
15 You should remember to pay before the due date.
16 We decided to go to the Armenian restaurant.
17 (In order) To get there early, I drove (for) 9 hours a day.
18 I want to buy batteries.
19 You need to order something.
20 Don't pretend not to understand!
21 I went out (in order) to see what was happening.
22 She asked me to go out.
23 You promised to meet me at 7.
24 We were planning to have a party.
25 I studied so hard (in order) to get a scholarship.
26 I advised him not to invite her.
27 You are too good for me to marry.
28 I would like to ask a few things.
29 This is too heavy for me to lift.
30 I bought an annual ticket (in order) to come here often.

Study More p. 66

to부정사를 목적어로 취하는 동사

1 swear to
2 decide to
3 plan to
4 prepare to
5 need to
6 wish to
7 care to
8 attempt to
9 wait to
10 tend to
11 offer to
12 pretend to
13 beg to
14 remember to
15 arrange to

16 refuse to
17 promise to
18 regret to
19 seem to
20 struggle to
21 learn to
22 deserve to
23 hesitate to
24 expect to
25 threaten to
26 fail to
27 rush to
28 happen to
29 hope to
30 choose to
31 agree to
32 claim to
33 mean to
34 manage to
35 demand to
36 want to
37 forget to
38 volunteer to
39 try to
40 ask to
41 afford to

Study More p. 69

to부정사가 들어간 유용한 표현

1 force somebody to
2 advise somebody to
3 warn somebody to
4 hire somebody to
5 challenge somebody to
6 allow somebody to
7 cause somebody to
8 instruct somebody to
9 teach somebody to
10 expect somebody to
11 encourage somebody to
12 tell somebody to
13 ask somebody to
14 order somebody to
15 want somebody to
16 bother somebody to
17 persuade somebody to

LESSON 07 지각동사를 강조하는 이유

개념 정리 Quiz p. 76

1 ③ 2 ③ 3 to 4 ①

5 (1) We saw him hide/hiding something.
(2) I heard you yell/yelling at someone.
(3) Everybody can smell something burn/burning here.

4 〈지각동사+목적어〉 뒤에는 동사원형이나 현재분사(-ing)를 써야 한다.

해석 | ① 내 친구는 내가 자는 것을 봤다.
② 나는 그것이 움직이는 것을 느낀다.
③ 나는 그것이 타고 있는 것을 냄새 맡았다.
④ 나는 제인이 그녀의 방으로 들어가는 것을 들었다.

5 〈지각동사+목적어〉 뒤에는 동사원형이나 현재분사(-ing)를 써야 한다.

해석 | (1) 우리는 그가 뭔가를 감추는 걸 보았다.
(2) 나는 네가 누군가에게 고함치는 걸 들었어.
(3) 모두가 이곳에서 뭔가가 타는 냄새를 맡을 수 있다.

Practice

p. 77

A

1. You will <u>see</u> me <u>study</u> in the library.
   너는 내가 도서관에서 공부하는 것을 볼 것이다.

2. I <u>feel</u> the building <u>shaking</u>.
   나는 건물이 흔들리고 있는 것을 느낀다.

3. I <u>heard</u> someone <u>call</u> my name.
   나는 누군가가 내 이름을 부르는 것을 들었다.

4. Did you <u>see</u> me <u>waiting</u> for the bus?
   너는 내가 버스를 기다리고 있는 것을 봤어?

5. I <u>smell</u> the steak <u>burning</u>.
   스테이크가 타고 있는 냄새가 난다.

B

6. you snore/snoring all night
7. the milk go/going bad
8. me open/opening the door
9. me sing/singing in the room
10. something touch/touching her back

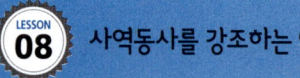

LESSON 08 사역동사를 강조하는 이유

개념 정리 Quiz

p. 83

1. ③ 2. (1) to (2) 주종[상하] 관계
3. (1) ask (2) ask (3) allow
4. (1) repeat (2) to clean (3) enter
   (4) think (5) to explain
5. (1) They asked us to walk slowly.
   (2) He asked me to read the report and (to) find any mistakes.
   (3) The police officer allowed me to pass this way.

4. (1), (3), (4)번은 사역동사가 쓰였으므로 목적어 뒤에 동사원형을 써야 하고 (2), (5)번은 일반동사가 쓰였으므로 목적어 뒤에 to부정사를 써야 한다.

   해석 | (1) 나의 상사는 나에게 그 일을 반복하게 했다.
   (2) 그는 나에게 바닥을 청소하라고 요청했다.
   (3) 그녀는 내가 방에 들어가게 해 준다.
   (4) 나는 그에게 그 계획에 대해서 생각해 보도록 시켰다.
   (5) 제발 제가 설명하도록 허락해 주세요.

5. 사역동사 make, have는 일반동사 ask로 바꿀 수 있고, 사역동사 let은 일반동사 allow로 바꿀 수 있다. 사역동사를 일반동사로 바꿀 경우 목적어 뒤에 동사원형을 to부정사로 바꿔야 한다.

   해석 | (1) 그들은 우리를 천천히 걷게 만들었다.
   (2) 그는 내가 그 보고서를 읽고 실수를 찾게 했다.
   (3) 경찰은 내가 이 길을 지나가게 해 주었다.

Practice

p. 84

A

1. Don't <u>make</u> me <u>do</u> this!
   내가 이것을 하도록 만들지 마!

2. Our boss will <u>have</u> us <u>attend</u> the meeting.
   우리 상사는 우리가 그 모임에 참석하도록 시킬 것이다.

3. This ticket will <u>let</u> you <u>enter</u>.
   이 티켓이 너를 들여보내 줄 것이다.

4. You <u>made</u> me <u>come</u> again.
   네가 나를 다시 오도록 만들었어.

5. Please <u>let</u> me <u>know</u>.
   내게 좀 알려줘.

B

6. us stop
7. me finish the work hurriedly
8. me to finish the work hurriedly
9. me go home early
10. me to go home early

LESSON 09 가주어 it을 쓰는 이유

개념 정리 Quiz
p. 89

1 ④

2 (1) 길이가 짧기 때문에 (2) it이 가주어로 쓰일 경우 단어 자체의 뜻이 없어서 진주어와 혼동되지 않기 때문에

3 ④   4 ③

5 (1) It is mandatory to take the course.
  (2) It costs some money to have a holiday in Guam.
  (3) It is not a good idea to visit him at this late hour.

3 해석 | ① 그것은 슬픈 영화이다.
② 너는 그것을 빨리 배울 수 있다.
③ 네가 그것을 마음에 들어하면 좋겠어.
④ 영어를 배우는 것은 재미있다.

4 ①번은 가주어이고 ③번이 진주어이다. ④번은 '예약하기 위해서'라는 뜻으로 ④번의 to는 in order to의 의미이다.

해석 | 너는 예약을 하기 위해서 미리 그들에게 연락할 필요가 있다.

5 해석 | (1) 그 과정을 수강하는 것은 의무이다.
(2) 괌에서 휴가를 보내는 것은 돈이 좀 든다.
(3) 이렇게 늦은 시간에 그를 방문하는 것은 좋은 생각이 아니다.

Practice
p. 90

A

1 It is important to understand this.
이것을 이해하는 것은 중요하다.

2 It was interesting to go there and watch it.
거기에 가서 그것을 보는 것은 흥미로웠다.

3 It is easy to see places like this in this city.
이 도시에서 이와 같은 장소를 보는 것은 쉽다.

4 It must be exciting to travel around the world.
세계 여행을 하는 것은 분명히 흥미로울 것이다.

5 It is necessary for you to prepare for the test.
너는 그 시험을 위해서 준비할 필요가 있다.

B

6 (1) Being honest is the best way.
  (2) It is the best way to be honest.

7 (1) Practicing English conversation with friends is helpful.
  (2) It is helpful to practice English conversation with friends.

8 (1) Going jogging in the morning for 10 minutes is good for our health.
  (2) It is good for our health to go jogging in the morning for 10 minutes.

C

9 It is right to do that.

10 It is nice to see you again.

11 It is important to talk calmly.

12 It is necessary to wash your hands often.

13 It is easy for me to swim in the river.

LESSON 10 특별한 상황에는 동명사 진주어

개념 정리 Quiz
p. 95

1 ③   2 (1) to부정사 (2) 동명사

3 (1) ③ (2) ③

4 (1) It is my habit to watch video clips before sleeping.
  (2) It is not common meeting someone with the same dress.

3 (1) ④번의 to는 '~하기 위해서'라는 뜻이다.
해석 | 네가 최종 결정을 내리기 위해 미리 그와 얘기하는 것은 현명한 일이다.(일상적인 일)

(2) ④번의 to는 '~하기 위해서'라는 뜻이다. 일상적이지 않은 특이한 일이어서 진주어로 동명사를 사용했다.

해석 | 우리가 부자가 되기 위해서 로또에 두 번 당첨되는 것은 흔치 않은 일이다.

4 해석 | (1) 자기 전에 동영상을 보는 것은 내 습관이다.
(2) 같은 옷을 입은 사람을 만나는 것은 흔한 일이 아니다.

Practice p. 96

A

1 It was his idea to have a meeting on Sunday.
일요일에 회의를 하는 것은 그의 의견이었다.

2 It is pleasant to meet you.
너를 만나서 기뻐.

3 It was very helpful to work with you.
너와 일하는 것은 무척 유익했다.

4 It was fun playing all day.
하루 종일 노는 것은 재미있었다.

5 It is unbelievable seeing my skin becomes younger.
내 피부가 더 젊어지는 것을 보는 것은 믿기 어렵다.

B

6 It was educative to study here.

7 It was his decision to visit there.

8 It is not expensive to live in this city.

9 It is safe to stay here.

10 It was nice walking with you.

LESSON 11 동명사 사용 실력 굳히기

개념 정리 Quiz p. 102

1 False 2 ① 3 ③

4 (1) Buying a computer is expensive.
(2) Driving a car needs practice.
(3) I like meeting new people.

1 동명사는 동사처럼 뒤에 목적어를 취할 수 있으므로 동사의 성격을 어느 정도 갖고 있다고 볼 수 있다.

2 문법적으로 틀린 문장은 아니지만 동명사 making 뒤에 목적어가 없어서 다소 어색한 느낌을 준다. 동명사 making은 여전히 동사의 성격을 갖고 있으므로 뒤에 목적어를 써 주는 것이 자연스럽다.

해석 | 만드는 것은 내 취미이다.

3 뒤에 목적어인 movies가 있는 것으로 봐서 동명사 watching에 동사의 성격이 남아 있음을 알 수 있다.

해석 | 영어로 되어 있는 영화를 보는 것은 영어를 공부하기에 좋은 방법이다.

4 동명사 buying, driving, meeting은 여전히 동사의 성격을 갖고 있으므로 뒤에 목적어를 쓰는 것이 자연스럽다.

해석 | (1) 컴퓨터를 사는 것은 비싸다.
(2) 차를 운전하는 것은 연습이 필요하다.
(3) 나는 새로운 사람들을 만나는 것을 좋아한다.

Practice p. 103

A

1 Sharing this with you is my pleasure.
너와 이것을 나누는 것은 나의 기쁨이다.

2 Saving money is important, but spending it is more important.
돈을 모으는 것은 중요하지만, 그것을 쓰는 것은 더 중요하다.

3 Memorizing sentences is a good way in order to improve your English skill.
문장을 외우는 것은 영어 실력을 향상시키기 위해서 좋은 방법이다.

4 I remember giving her my business card.
나는 그녀에게 내 명함을 줬던 것을 기억한다.

5 Everyone will enjoy having new experiences with us.
모두가 우리와 새로운 경험을 하는 것을 즐길 것이다.

B

6 Meeting him

7 reading an English novel

8 Telling the truth to her
(= Telling her the truth)

9 Using the subway in the rush hour

10 understanding me

LESSON 12 이건 몰랐죠? 소유격 + 동명사

개념 정리 Quiz   p. 108

1 ②, ③   2 ②

3 (1) 그가 돈을 저축하는 것
   (2) 네가 피아노를 연주하는 것
   (3) 내가 네 옆에 앉는 것

4 (1) their meeting (2) our going there
   (3) her dancing

5 ④

2 소유격 뒤에는 명사나 동명사를 쓸 수 있다. happy는 형용사이기 때문에 쓸 수 없다.

Practice   p. 109

A

1 I am happy to hear your being successful.
   나는 네가 성공한 것을 듣게 되어서 기뻐.

2 My complaining about this has nothing to do with you.
   내가 이것에 대해서 불평하는 것은 너와 아무런 상관이 없어.

3 Their cleaning the street in the morning always wakes me up.
   그들이 아침에 거리를 청소하는 것이 항상 나를 깨운다.

4 Jack's challenging it has a positive effect.
   Jack이 그것을 도전하는 것은 긍정적인 효과가 있다.

5 I am sorry for my coming too early.
   제가 너무 일찍 와서 죄송합니다.

B

6 His telling the truth

7 my meeting her

8 My working here

9 His playing the guitar and singing a song

10 Your helping us

C

11 (1) meeting
    (2) our meeting
    (3) our meeting on Monday
    (4) Our meeting on Monday is a secret.

12 (1) coming
    (2) your coming
    (3) your coming on time
    (4) I expected your coming on time.

13 (1) taking a test
    (2) my taking a test
    (3) about my taking a test
    (4) I thought about my taking a test.

14 (1) making a mistake
    (2) your making a mistake
    (3) Your making a mistake embarrassed.
    (4) Your making a mistake embarrassed us.

15 (1) studying
    (2) studying English
    (3) our studying English
    (4) Our studying English will help us.
    (5) Our studying English will help us someday.

LESSON 13 누가 왜 만들었나? go + -ing

개념 정리 Quiz   p. 117

1 (1) 쇼핑하러 가다 (2) 조깅하러 가다
  (3) 스케이트 타러 가다
2 (1) go hiking (2) go camping
  (3) go swimming
3 (1) to turn (2) to buy (3) to bring
  (4) meeting (5) looking (6) to read

3 forget, remember의 경우 뒤에 to부정사가 올 때는 미래에 할 일을 나타내고, 동명사가 올 때는 과거에 했던 일을 나타낸다. stop의 경우 뒤에 목적어로 동명사가 오면 '~하는 것을 멈추다/그만두다'라는 뜻이고, to부정사가 오면 '~하기 위하여 멈추다'라는 뜻이다.

Practice   p. 118

A

1 I like to go bowling.
  나는 볼링 치러 가는 것을 좋아한다.
2 Who went canoeing?
  누가 카누를 타러 갔어?
3 I went rollerblading with my friends to the park.
  나는 친구들과 공원에 롤러블레이드를 타러 갔다.
4 In these days, many people enjoy going camping.
  요즘 많은 사람들이 캠핑하러 가는 것을 즐긴다.
5 People in Wisconsin go hunting in November.
  위스콘신 사람들은 11월에 사냥을 하러 간다.

B

6 나는 전화기를 충전한 것을 깜박했다.
7 우리는 함께 일하기 시작했다.
8 너는 3시까지 이것을 팩스로 보내는 것을 기억해야 한다.
9 드디어 그들은 나를 부르는 것을 멈췄다.
10 나는 추운 곳에서 사는 것보다 따뜻한 곳에서 사는 것을 더 좋아한다.

C

11 go fishing
12 I went rock climbing
13 go sailing
14 went jogging
15 go sightseeing

D

16 I remember saving her number in my phone.
17 The old woman stopped to take a rest.
18 Don't forget to send me a message before 6 p.m.
19 Jason regretted not studying for the test.
20 I need to stop thinking negatively.

Study More   p. 121

동명사를 목적어로 취하는 동사 ①

1 try -ing
2 risk -ing
3 quit -ing
4 cannot help -ing
5 resent -ing
6 finish -ing
7 suggest -ing
8 admit -ing
9 mention -ing
10 postpone -ing
11 tolerate -ing
12 anticipate -ing
13 delay -ing
14 Would you mind -ing?

15 stop -ing

16 deny -ing

17 recall -ing

18 resist -ing

19 recollect -ing

20 miss -ing

Study More
p. 123

동명사를 목적어로 취하는 동사 ②

1 begin -ing / start -ing

2 practice -ing

3 like -ing

4 consider -ing

5 keep -ing

6 advise -ing

7 love -ing

8 avoid -ing

9 recommend -ing

10 enjoy -ing

11 continue -ing

12 discuss -ing

13 dislike -ing

14 start -ing / begin -ing

15 prefer -ing

16 hate -ing

17 remember -ing

18 intend -ing

19 regret -ing

20 complete -ing

21 appreciate + 소유격 + -ing

22 forget + -ing

LESSON 14 영어 문장을 두 부분으로 나눠라

개념 정리 Quiz
p. 128

1 문장을 길고 자세하게 쓸 수 있다.

2 (1) True (2) False

3 (1) I sent it / on Monday.
 (2) I had a stomachache / in the morning.
 (3) Who moved my file / on the desk?
 (4) The couple walked / along the street lights.

4 I ordered a T-shirt on the Internet.
 I paid 25 dollars for the shirt.
 I will wear the shirt for my picnic.

5 3개

2 〈전치사+명사〉는 한 문장 안에 여러 개 사용해도 되고, 생략해도 문법에 지장이 없다.

3 〈명사+동사+명사〉는 문법적으로 꼭 필요한 부분이고, 〈전치사+명사〉는 생략해도 지장이 없는 부분이다.

해석 | (1) 나는 그것을 월요일에 보냈다.
 (2) 나는 아침에 배가 아팠다.
 (3) 누가 책상 위에 있던 내 파일을 치웠어?
 (4) 그 커플은 가로등을 따라 걸었다.

4 〈전치사+명사〉는 부연 설명을 하는 부분으로 빼도 문법적으로 지장이 없다.

해석 | 나는 인터넷으로 티셔츠를 주문했다.
 나는 그 셔츠를 위해 25달러를 지불했다.
 나는 소풍을 가기 위해 그 셔츠를 입을 것이다.

5 부연 설명인 〈전치사+명사〉는 with my friend, after class, on Thursday로 총 3개이다.

해석 | 나는 목요일 방과 후에 친구와 영화를 봤다.

Practice
p. 129

A

1 I met her / after work.
 나는 퇴근 후에 그녀를 만났다.

2 I needed help / from her.
 나는 그녀에게서 도움이 필요했다.

3 We had coffee / in the coffee shop near the office.
우리는 사무실 근처 커피숍에서 커피를 마셨다.

4 She shared important information / with me.
그녀는 나와 중요한 정보를 공유했다.

5 I took a bus / around 9 p.m.
나는 오후 9시쯤에 버스를 탔다.

B

6 to the corner

7 in a minute

8 to you

9 at 6 a.m.

C

10 I took a taxi at the terminal.

11 I made a reservation for a seat to go to Busan.

12 I had a dream about you and your puppy.

13 We sometimes eat in a local restaurant after work.

14 She stopped by my office for a chat around 4 p.m.(= She stopped by my office around 4 p.m. for a chat.

 LESSON 15 전치사 모르면 영어 못한다

개념 정리 Quiz   p. 136

1 명사+동사+명사 / 전치사+명사

2 ②, ③

3 ②, ④

4 4개

5 (1) He did this / for me.
  (2) What happened / to them?
  (3) I know the answer / for the question.
  (4) I always go to the park / after dinner.
  (5) The global warming causes problems / in our nature.

4 밑줄 친 곳과 같이 〈전치사+명사〉는 총 4개이다.
During the summer vacation, I visited Jeju island with my friends and stayed there for 5 days in a guesthouse.

해석 | 여름방학 동안, 나는 친구들과 제주도를 방문했고, 게스트하우스에서 5일동안 그곳에 머물렀다.

5 해석 | (1) 그는 나를 위해서 이것을 했다.
  (2) 그들에게 무슨 일이 있었어?
  (3) 나는 그 질문에 대한 답을 알고 있다.
  (4) 나는 항상 저녁 식사 후에 그 공원에 간다.
  (5) 지구 온난화는 우리 자연에 문제를 일으킨다.

Practice   p. 137

A

1 My mom made a cake for my birthday.
엄마는 내 생일을 위해서 케이크를 만들었다.

2 We had a great time on Christmas day.
우리는 크리스마스때 아주 재미있는 시간을 보냈다.

3 Who helped you with money?
누가 너에게 돈을 도와줬어?

4 The visitors liked the souvenir in the display stand.
방문객들은 진열대에 있는 기념품을 좋아했다.

5 People go jogging along the river in the morning.
사람들은 아침에 강을 따라 조깅을 하러 간다.

B

6 for this project
7 after the meeting
8 in the morning
9 with my friends in the theater
10 on the street on Monday

C

11 They open the store at 9 a.m.
12 I read your email before the meeting.
13 Somebody knocked the door in the early morning.
14 I can finish it in 10 minutes by myself.
   (= I can finish it by myself in 10 minutes.)
15 He sent flowers to me with a lovely Christmas card.

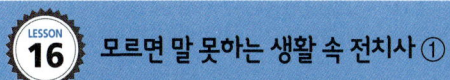 모르면 말 못하는 생활 속 전치사 ①

개념 정리 Quiz
p. 145

(1) across	(2) along	(3) in
(4) at	(5) behind	(6) beneath
(7) in	(8) beyond	(9) at
(10) despite	(11) against	(12) for
(13) before	(14) between	(15) during
(16) from	(17) in	(18) above
(19) for	(20) around	

Practice
p. 146

A

1 In 1950, the Korean War began at dawn.
1950년에 한국 전쟁이 새벽에 시작됐다.

2 I am waiting for a bus for one hour.
나는 한 시간 동안 버스를 기다리고 있다.

3 I need it by Tuesday at ten.
나는 화요일 10시까지 그게 필요해요.

4 Somebody piled them behind the door.
누가 문 뒤에 그것들을 쌓아두었다.

5 The store at Times Square opens at 9 a.m. during the week.
타임스퀘어에 있는 그 가게는 주중에는 오전 9시에 문을 연다.

B

6 at the bus stop
7 during the test
8 between the door and the wall
9 along the street
10 despite the traffic jam(s)

C

11 (1) We go.
   (2) We go hiking.
   (3) We go hiking in September.
12 (1) I cooked.
   (2) I cooked fried rice.
   (3) I cooked fried rice for dinner.
   (4) I cooked fried rice for dinner for three.
   (5) I cooked fried rice for dinner for three just/only in five minutes.
13 (1) He visited.
   (2) He visited the place.
   (3) He visited the place around three o'clock.
   (4) He visited the place around three o'clock with other people.

D

14 Everyone submitted it by/till/until noon.
15 I have an evidence against him.

16 She got an idea from him.

17 People gathered around us.

18 I washed below the knee.

19 We will start again after the break time.

20 We thought about the problem.

21 I received a score above the average.

22 I always have a cup of coffee at 2 p.m.

23 A strange woman sat next to me.

LESSON 17 모르면 말 못하는 생활 속 전치사 ②

개념 정리 Quiz   p. 153

(1) in	(2) on	(3) on
(4) at	(5) out of	(6) in
(7) near	(8) through	(9) toward
(10) like	(11) to	(12) throughout
(13) within	(14) without	(15) off
(16) over	(17) in	(18) into
(19) on	(20) of	

Practice   p. 154

A

1 The picture on the wall costs 200 dollars.
벽에 있는 저 그림은 200달러이다.

2 You look great with that shirt.
너는 그 셔츠를 입으니까 멋져 보인다.

3 In the past, only a few people visited Las Vegas in the USA.
과거에는 몇몇 사람들만이 미국에 있는 라스베가스를 방문했다.

4 A dirt came into my eye and my eye turned (to) red.
먼지가 내 눈 안으로 들어가서 내 눈이 빨갛게 변했다.

5 The shop near my house sells various organic food on Thursday and on Friday.
우리 집 근처에 있는 그 가게는 목요일과 금요일에 다양한 유기농 음식을 판다.

B

6 over your shoulder

7 in this list

8 On Saturday morning

9 out of control

10 over the chair

C

11 (1) They do.
   (2) They do that.
   (3) They do that for people.
   (4) They do that for people without complaints.

12 (1) I saw.
   (2) I saw the man.
   (3) I saw the man in the park.
   (4) I saw the man in the park between 7 a.m. and 9 a.m.
   (5) I saw the man in the park between 7 a.m. and 9 a.m. with my friend, Jenny.

13 (1) He teaches.
   (2) He teaches English.
   (3) He teaches English to the student.
   (4) He teaches English to the student in the library.
   (5) He teaches English to the student in the library for two hours.

14 (1) I enlarged.
   (2) I enlarged the picture.

(3) I enlarged the picture at the photo shop.

(4) I enlarged the picture at the photo shop near my house.

(5) I enlarged the picture at the photo shop near my house for a birthday gift.

(6) I enlarged the picture at the photo shop near my house for a birthday gift on Thursday.

D

15 I learned a lot through this travel.

16 I wrote the time and place on my palm.

17 He climbed over the wall.

18 I removed stains on the window.

19 They completed the building within three months.

20 Cold wind blew into the room.

21 I worked like them, too.

22 We went to the movie theater near the school.

23 My cat often sleeps on my lap.

24 Some passengers ran out of the car.

E

25 Companies ignored the environment despite the warning.

26 I deliver pizza to Chinatown with Nick by bicycle after class.

27 After a moment, students will enter through the left door one by one.

28 I had tacos for lunch before class in the cafeteria next to the library.

29 Sunbath leaves various scars on human skin in a few minutes.

30 We met and talked with the person in charge about this.

 LESSON 18 3초면 알 수 있는 부사 자리

개념 정리 Quiz   p. 161

1 ④ 2 ② 3 ③
4 (1) ② (2) ① (3) ① (4) ② (5) ①
5 ③

4 부사는 보통 be동사 뒤, 일반동사 앞에 쓴다.

해석 | (1) 그것은 맞다.
(2) 그는 나를 봤다.
(3) 그녀를 내게 의지했다.
(4) 나는 그것을 들어서 기쁘다.
(5) 그들은 날짜를 연기했다.

5 ③ 부사 always는 be동사 is 뒤에 써야 한다.

해석 | ① 엄마는 항상 바쁘다.
② 그녀는 아침에 항상 아침밥을 먹는다.
③ 그 게임은 항상 흥미진진하다.
④ 우리는 항상 학교에 같이 간다.

Practice   p. 162

A

1 Do you <u>really</u> want to do that?
   너 정말로 그것을 하기를 원하니? (너 정말로 걸 하고 싶어?)

2 TV <u>often</u> shows violent scenes.
   TV는 자주[종종] 폭력적인 장면을 보여 준다.

3 I <u>strongly</u> recommend you to think about it.
   저는 당신이 그것에 대해서 생각해 보기를 강력히 권해 드려요.

4 The teacher <u>usually</u> doesn't tell a joke in class.
   그 선생님은 보통 수업 중에 농담을 하지 않는다.

B

5 We always go to school together.

6 I sometimes use stairs as an exercise.

7 He is never late for school.

8 We usually meet twice a week.

LESSON 19 부사의 출생 비밀

개념 정리 Quiz p. 168

1 ③　2 ②　3 ④　4 ④

5 (1) seriously　(2) patiently　(3) absolutely
　(4) actually　(5) regularly

6 (1) 벌써　(2) 심지어　(3) 여전히
　(4) 꽤　(5) 때때로　(6) 한번, 일단

2 부사는 형용사에 -ly를 붙여서 만들어진 것이 많지만, 아예 새로 만들어진 부사들도 있다. 후자의 경우에는 -ly로 끝나지 않는다.

4 목적어 명사 앞에는 부사를 쓰지 않는다.
해석 | 그들은 은밀히 그것을 했다.

Practice p. 169

A

1 I <u>carefully</u> wrote on a postcard.
나는 엽서에 조심스럽게 썼다.

2 I do this every other day <u>regularly</u>.
나는 이것을 하루 걸러 한 번씩 규칙적으로 한다.

3 I want you to bring it <u>safely</u>.
나는 네가 그것을 안전하게 가지고 오면 좋겠어.

4 He <u>officially</u> announced it.
그는 그것을 공식적으로 발표했다.

5 Let's divide it <u>equally</u> and <u>precisely</u>.
그것을 정확하게 똑같이 나누자.

B

6 almost
7 only
8 loudly
9 deeply
10 Actually

C

11 I already noticed it.
12 He is still in his room.
13 I finally figured it out.
14 I think you are probably right.
15 Used books are usually cheap.
16 You were absolutely right.
17 Men sometimes misunderstand women.
18 Women generally like future-oriented men.
19 We all caught a cold.
20 It was also my fault.

Study More p. 172

꼭 외워야 하는 필수 부사

1 ②	2 ①	3 ④	4 ③	5 ③
6 ①	7 ②	8 ③	9 ①	10 ④
11 ④	12 ①	13 ②	14 ①	15 ②
16 ③	17 ③	18 ②	19 ④	20 ③
21 ①	22 ③	23 ②	24 ①	25 ④
26 ③	27 ①	28 ①	29 ②	30 ④
31 ④	32 ③	33 ④	34 ③	35 ①
36 ④	37 ③	38 ②	39 ④	40 ①
41 ④	42 ③	43 ②	44 ②	45 ③
46 ④	47 ③	48 ③	49 ①	50 ②
51 ②	52 ④	53 ①	54 ③	55 ①
56 ③	57 ②	58 ③	59 ④	60 ①
61 ②	62 ③	63 ①	64 ④	65 ①
66 ①	67 ②	68 ①	69 ③	70 ①
71 ②	72 ②	73 ②	74 ①	75 ②
76 ④	77 ②	78 ②	79 ①	80 ④
81 ③	82 ④	83 ②	84 ④	85 ②
86 ④	87 ②	88 ①	89 ④	90 ③
91 ③	92 ④	93 ②	94 ②	95 ①
96 ③	97 ④	98 ①	99 ①	100 ③

LESSON 20 영어 실력 뒤에는 부사가 있다

개념 정리 Quiz p. 183

1 ④
2 (1) You are definitely right.
  (2) Definitely you are right.
  (3) You are right definitely.
3 ③, ④   4 ①   5 ③

1 부사는 강조하기 위해 문장 맨 앞에 쓸 수 있다.
2 문장의 길이가 짧을 때는 be동사 뒤나 일반 동사 앞, 문장 맨 앞, 문장 맨 뒤에 부사를 쓰면 된다.
   해석 | 네가 확실히 맞아.
3 문장의 길이가 길 때 부사를 문장 맨 뒤에 쓰면 곤란하다. 부사는 동사를 꾸며줘야 하는데, 동사와 부사와의 거리가 너무 멀어져서 부사가 어느 동사를 꾸미는 것인지 혼동을 줄 수 있기 때문이다.
   해석 | 저는 정말 귀사와 좋은 관계를 맺고 싶습니다.
4 영어는 중요하거나 강조하고 싶은 것을 문장 앞으로 보내는 경향이 있다. 그래서 부사를 문장 맨 앞에 쓰면 부사를 강조하는 뉘앙스를 준다.
   해석 | 그는 확신을 가지고 그 질문에 대답했다.

Practice p. 184

A

1 He is mentally strong and physically powerful.
  그는 정신적으로 강하고 신체적으로 힘이 세다.

2 The driver safely drove to the airport.
  운전기사는 공항까지 안전하게 운전했다.

3 Suddenly, someone opened the door roughly.
  갑자기 누군가 문을 거칠게 열었다.

4 I secretly liked the woman and no one actually knew about it.
  나는 몰래 그 여자를 좋아했는데 사실 아무도 그것에 대해 알지 못했다.

5 Certainly this is my way to go. Well, it is a destiny.
  분명히 이것은 내가 갈 길이야. 운명이지 뭐.

B

6 often
7 gradually
8 rarely
9 Technically
10 correctly

C

11 Ted frequently made mistakes.
12 My husband never helps me.
13 The mass media sometimes twists facts.
14 They seldom clean the room.
15 I often saw a rabbit's foot in a souvenir shop.
16 This is just one of those things.
17 The local bus hardly comes on time.
18 Indian summer is always hot.
19 Sports goods are rarely on sale.
20 We usually see each other on weekends.

한국에서 유일한 기초 영문법 1

발행일	개정판 2쇄 2023년 7월 13일
지은이	한일
펴낸곳	도서출판 한일에듀
출판등록일	2017년 8월 7일 (672-99-00298)
주소	마포구 백범로 91 (대흥동, 주석빌딩 8층) 한일잉글리쉬아카데미
대표전화	070-7768-1100
ISBN	979-11-88669-07-3 03700
홈페이지	www.haniledu.org
편집	김현정
디자인	손혜정

COPYRIGHT ⓒ 2018 한일

저작권법에 따라 이 책에 실린 모든 내용, 디자인, 이미지, 편집 구성의 저작권은
저자와 한일에듀출판에 있으며, 허락 없이 복제하거나 다른 매체에 옮겨 실을 수 없습니다.